すべては野球が教えてくれた

豊田　泰光

中経の文庫

本書のあらすじ

人間は考える葦である、といったのは哲学者のパスカルであるが、この月並みともいえる名言を実際に生かしている例は少ない。

本書では、辛口の評論で知られる著者・豊田泰光氏によって、野球というスポーツを通した人との出会い、経験、困難な課題の解決法のほか、幅広い人生論が語られている。

そのなかで主張されている大きなテーマは「頭の働き」である。スポーツから直接頭の働きを連想される方は少ないかもしれないが、野球についていえば、これほど頭の働きが重要なスポーツはないと思う。

著者は本文冒頭で伝説的な大リーガー「スタン・ミュージアル」が残した、

「若いときは身体が君を守る」
「中年になったら技術が君を守る」
「最後は頭が君を守る」

という三つの名言を示し、この言葉が自らの野球人生で果たした大きな意義を語っている。たとえば著者は二試合連続サヨナラホームランを打ったが、「頭が君を守る」というこの言葉が如実に生きた場面を記している。

人間は肉体の強さで他の生き物にはるかに及ばない。

唯一、他の生き物に勝るのは頭である。それをいかに使うかが、人としての価値を高めるのではないか。

それは人生の意味でもある。この意味を本書は明快に解き明かしている。

はじめに

私の人生は、野球がすべてといっていい。当然のことだが、野球を通して多くのことを学んだ。

戦後すぐの昭和二〇年（１９４５年）八月一七日、学校の先生がそれまで敵性スポーツとして禁止されていたソフトボールの道具を倉庫から出してきた。

そのとき初めて味わったバットやグローブの感触に新鮮な驚きを感じたことがまるで昨日のことのような気がする。その後、私の青春時代は野球で明け暮れた。野球を中心に多くの出来事があった。

しかし、年月を重ねるごとに、野球はもちろん、それ以外のことからも、より多くの経験をさせてもらった。さらに生きるための意欲と俗にいうガッツを身につけたと思う。

人と出会い、多くの経験を重ね、複雑な社会のしくみに触れて、さらに多くの知識を学んだ。多くの困難にもぶつかったが、それらは意外にも野球で得た経験や知識で理解し解決できる面が多いことを改めて知った。私は、この本で、野球で得た経験や知識をベースにして、私なりの理解と方法で得た教訓と知恵を皆さんに余すところなく伝えたいと考えている。


今、私は、次代を担う人たちが何を考え、どこに向かおうとしているのか、大いに気になる。

特に若い人たちの行動や考え方に不安を感じている。もちろん、日本の将来がどうなるのかなどという大げさなことを考えているわけではない。いわば、ささいで身近な諸問題について、どう思っているのかが気がかりでしかたがないといっておこう。

私は、そういう皆さんを応援したいのだ。

これからの時代は、真の意味で個人の意志と資質が問われる。多くの皆さんが自己責任を実感する大変な時代だ。
そのなかで私のささやかな経験が少しでもお役に立てれば、著者として、これ以上の喜びはない。

二〇〇七年八月

豊田　泰光

◆すべては野球が教えてくれた　もくじ

第3章 野球思考で課題を解く

第4章　意欲ある生き方を応援する

第5章　気持ちを広く持て

エピローグ　活躍の場が世界に広がる
―豊田泰光のアメリカ報告―

注・本文登場人物の敬称は一部略させていただきました。

第１章

人と野球と出会う

◆ホームランを誘導した「頭のバッティング」

誰でも人との出会いから貴重な教訓を得ることが多い。もちろん、私も例外ではない。その一人がスタン・ミュージアルだった。

スタン・ミュージアルは、左投左打、一塁手・外野手。カージナルスと契約、大リーガーとして活躍した。オールスター20回出場の超人気者だった。昭和三三年（1958年）、日米野球でカージナルスが来日したとき西鉄の同僚だった豪腕・稲尾和久投手からホームランを放った姿が今でも印象的だ。

当時、私は、二〇代だった。同僚の稲尾と一緒にスタン・ミュージアルに会いにいった。西鉄がいちばん強いころで、日本シリーズで3連勝したときだった。私も稲尾も勢いがあった。

私は、ミュージアルに、

「年齢に応じて野球というものは変えなきゃダメなんですか」

と聞いた。

おそらく、そんなことを聞く選手は、そのころ日本にはいなかったと思う。

そのとき、彼は開口いちばん、

「若いときは身体が君を守る」

といった。そのあと、

「中年になったら技術が君を守る」

さらに、

「最後は頭が君を守る」

と続けていった。

この言葉は、私の脳裏に焼きついた。

それから10年がすぎた。

昭和四三年（1968年）私はヤクルトにいて、中日ドラゴンズと3連戦をした。監督は別所毅彦だった。私は当時バッティングコーチを兼任していた。

その試合で我々は9回裏で2点をリードされていた。塁上にはランナーが2人出ていた。一発ホームランが出れば、逆転勝利の場面だ。

別所監督がベンチで、

「ピンチヒッター、誰か残っているか?」

と私に聞いた。

そういわれたので私は、

「もう私しか残っていません」

と答えた。

すると別所監督が、

「えっ?」

と驚いたような表情をした。

その表情には、私を信用していない底意が見えた。正直なところ、こんなむかついたことはなかった。多分、そのときの私の表情は怒りに満ちていたと思われる。

別所監督は、しかたなさそうに審判に、

「代打、豊田」

と告げた。

そのときだった。

「最後は頭が君を守る」

というスタン・ミュージアルの言葉がパッと頭に浮かんだのだ。

そうだ頭だ、頭だ。頭で勝負だと自分にいい聞かせた。

私は鳥肌が立った。ホームランを打てる気がした。

おそらく、別所監督は、勝利を予感していなかったはずだ。

私は、バッターボックスにゆっくりと歩を進め、何を打ちたいか自問自答した。

「こんなところでホームランを願わなかったら、願うところはないだろう。ダメでもともとじゃねえか。負けてんだし」

と自分にいい聞かせた。

私は「じゃあ、相手のピッチャー（山中投手）に、何かさせなければいかん」と思い、「インコースを攻めさせよう」と考えた。一方で、バットを短く持つ「工夫」をした。バットの回転を早くするとインコースにきたボールを強く打てるからだ。

しかし、最初からバットを短く持ってバッターボックスに入ったのでは、私の意図がピッチャーに気づかれてしまう。だから、バッターボックスに入るときには、バットを長く持ってベースに近づいた。しかも、バッターボックスの立つ位置を変えない。変えたらばれるからだ。

私はバットを長く持ったまま、アウトコースにググーッと身体を踏み込んだ。ピッチャーは「あいつはアウトコースを狙っているな」と思ったはずだ。「もうそろそろインコースにくるぞ」と思ったときに、ピッチャーから見えないようにバットを短く持ち替えた。

　バットを短く持つ。実は、これは長嶋茂雄もやっていたことだった。長嶋なら並はずれた動物的な直感が働いてヒットを打つだろう。私はそれを借用したわけだが、直感ではなく頭で打つ。ピッチャーは、バットの持ち方の変化に気づかないまま、バッターの裏をかくつもりで、インコースに投げてきた。私にとって絶好のコースだった。

　ヤッと振ったら、カチッと手応えがきた。

「やったぞ！、久しぶりの快感だな」

　逆転３ランホームラン。しかも、サヨナラだ。

　私は、「最後は頭が君を守る」という言葉を思い出したおかげで願ってもない快打を味わったのだ。

　別所監督は、

「すばらしいバッティングだね」

とおべんちゃらをいった。

私は、別所監督の言葉をあたかも無視するかのようなそぶりをしながら、そのまま帰った。ピッチャーにインコースに投げるように頭を使って誘導したわけだから、作戦勝ちであるとわかっていた。私は代打としての使命を果たしたのである。

その日、別所監督から家に電話がかかってきた。その電話で「不快な思いをさせたね」といわれたら、水に流そうと思っていた。

しかし、

「いやー、よかったね。すばらしい」

と褒めるだけで、謝らないのだ。

人間は、誰でも人の扱い方で思わぬ失敗をしたり、また思い違いをすることがある。そのとき謝らなかったら和解ができない。ちょっとした心づかいで、お互いの気持ちが晴れて仲よくなれる。単純な話だが大切にしたい配慮だとこのときしみじみ感じた。

◆二度目の奇跡を頭の回転で……

次の日になった。今度は同点で9回裏。しかも、ピッチャーが代わった。そのピッチャーは、期せずして前日と同じ山中投手だった。あまりの奇遇からか、別所監督の口から言葉が出ない。かろうじて口から、

「豊ちゃん、う、う……」

と声にもならない声が聞こえた。

山中投手がきているると指さしているわけだ。

「豊ちゃん……、ほら、ほら……」

といっているが、言葉になっていない。

要は、私に「また出てくれ」ということである。

そこで、私はうなずき、別所監督に、

「審判に告げてください」

といった。

「ピンチヒッター」というのは、監督でないと決められない。もし、そんなルールがなければ、自分で「ピンチヒッター、豊田」といっていたかもしれない。

バッターボックスへ向かうときに、昨日の手はもう使えない、バットを隠すなんていうことはできないと考えた。

私は「今日はあいつ、昨日打たれたボールをいきなり投げるにちがいない」とピッチャーの気持ちを読んだ。

腹を決めた。最初からバットを短く持った。

予想を確信していたわけではないが、前の日と同じコースにボールがきた。だから、前の日と同じ当たりが出た。ホームランだった。

実は、私が打席に入ったとき、スコアが0対0で、しかも9回裏。時間がない。このままなら引き分けで終わってしまう。
私は打てなくても引き分けだと思っていたから、
「おーい、おまえらみんな風呂入って待っとれ」
といった。
私の言葉を聞いたチームのみんなは、またホームランを打つから待ってい
てくれと受け取ったようだった。
チームメートがみんな緊張の面持ちで見ているなか、私がまたホームラン
を打ったので、チームメートもピッチャーも腰を抜かすほど驚いていた。
私は自分でも驚いたがそれ以上に感激した。ホームインしてから、もう1
回か2回グランドをぐるぐる回ってみたいと思ったが、そのままずっとベン
チに帰った。みんな、口を開けていた。
そこで私は、
「何だ、おまえら。ホームランを打ったんだから、喜んでくれ」
といった。チームメートたちは、

「『ホームランを打つ』と予告してホームランを打った人を初めて見た」

といった。

しかし、私は、そんなことはいっていない。「風呂入って待っとれ」といっただけだった。

思えば、人の言葉の受け取り方というのは、もうどうにでも変わってしまうという典型例だった。私の言葉を聞いたチームメートは「ホームランを打つから待っとれ」という意味だと思い込んだわけだ。

実際、私は、打てない姿を見せたくないな、と思っていた。「風呂入って待っとれ」というのは、「もうこれで打てずに試合が終わっても負けはないよ」という言い訳のつもりでいったのだった。

しかし、幸いにも、

「豊田は予告してホームランを打つから、すごい」

という話になってしまった。

私が逆の立場で、その場にいて、そういわれたら、やはり「ホームランを打って帰ってくるんだな」と思い込んだかもしれない。

この場面で、私がホームランを打てたのはスタン・ミュージアルの「最後は頭が君を守る」という言葉を思い出したおかげだった。以来、私は、この言葉を、大事に胸にしまっている。

同時に、**この言葉に対して、若い人がどう感じるか、私は、大変気になる。**もし若い人のなかで、

「ほら、いくら名打者でも、ああいうふうにバットを短く持って打たにゃ打てんようになったか」

というふうに見る人がいるとすれば、その人は将来性がないと思う。

なぜなら、観察能力が足りないと感じるからだ。

あのとき、私がバットを短く持っていることに気がついた選手は一人もいなかった。要するに、彼らには観察能力がなかったということだ。

私は、若い人にいいたい。**人間というものは、観察能力がないと絶対に伸**

びないし成功もしない、と。

打撃の方法だけでなく、仕事などでも、なるほどすごい方法だなとか、相手の行動が目に入らないと、才能は磨かれない。才能というのは、優れた相手を観察することによって、相手のすごさを見抜く能力のことである。これは生きていくうえで非常に大切なことといえる。

一般には、才能とは、生まれついてのものだとか、天与のものだとか、学んで学べるものではないとよくいわれる。しかし、私は、才能こそ観察とか経験で磨かれて、そのなかからさらに生まれてくると考える。

たとえば、人の話を聞いて学ぶことは、頭の働きをよくする。人の話のなかには知恵と課題の解決法、そして感動が詰まっている。

「最後は、頭が君を守る」という言葉は、実は年齢の問題ではなく、若者にも通用する至言といっていい。

◆つらさを楽しさに変えてくれた坊さんの一言

私は昭和二八年（１９５３年）に高校を卒業して西鉄へ入団し、プロとしてのスタートを切った。一緒に入団した新人は、私を含めて４人だった。新人の仕事はいろいろあったが、ほとんどが雑用だった。なかでもとりわけきつかったのは球団移動中の荷物運びだった。

自分たちの荷物はいうまでもないが、球団や先輩たちの荷物がこれほど多いものとは思わなかった。グローブやバットのほかキャッチャー用の胸当てやマスクなどプレーに必要なさまざまな道具類、さらに監督や先輩選手の生活用品に至るまで、すべて新人が運ばなければならない。荷物の積み下ろしは非常に体力を使った。

あるとき、本拠地の福岡から試合のある大阪まで列車で移動した。たくさんの荷物を短時間のうちに列車から下ろさなければならない。階段を上り下りして、荷物を駅の外へ運ぶのだが、その最中、多少イライラしていたのであろうか、私は無意識のうちに荷物のひとつを足で蹴ってしまった。その荷物は、二階から下へ落ちた。

折悪しく、荷物が落ちたすぐそばにお坊さんが歩いていて、危うく当たりそうになった。私はあわてて下に駆けおりて謝ろうと思った。

するとそのお坊さんは、

「あなたが落としたのか」

といった。そして怒る様子もなく、

「荷物の持ち運びは大変だね。つらいかね。いっそつらい仕事を楽しくする方法はないものかね」

とさりげなくいった。

そういわれたとき、私の頭にふっとあることがよぎった。

「そうだ、つらくて体力を使う荷物運びは、坊さんの修業と同じだ。こうした雑用は、体力づくりのトレーニングのひとつだと思えばいいではないか。何事ものは考え方しだいだ。同じ疲労を感じても、むしろ楽しい疲労になるのではないか」

こういうと、やせ我慢しなくてもいいではないかといわれそうだ。しかし、世の中には、一見本業に無関係な雑用が多いものだ。しかし、**それをどう考えればプラスに変えられるのかが問題だ。**ものは何でも考え方しだいというつもりはないが、厳しいと感じたときこそ頭の切り替えが大事だ。

◆石丸進一選手の「最後のキャッチボール」

昔、石丸進一という野球選手がいた。

石丸は大正一一年（１９２２年）に佐賀県で生まれ、佐賀商業高校の速球派として活躍した。

高校卒業後、昭和一六年（1941年）に名古屋軍（現中日ドラゴンズ）に入団。入団1年目は内野手で73試合に出場。2年目からは投手として出場。3年目には昭和一八年（1943年）の大和戦では戦前最後のノーヒットノーランを達成した。

昭和一九年（1944年）春に学徒動員により応召。第14期飛行専修予備学生として筑波海軍航空隊に配属され、翌年の二月に神風特別攻撃隊を志願、特攻隊員として鹿児島県の鹿屋基地から沖縄アメリカ機動部隊を目指して出撃、還《かえ》らぬ人となった。

石丸には、有名なエピソードが伝えられている。

石丸は、特攻出撃前に、同僚で友人の本田耕一選手（法政大学一塁手、神風特別攻撃隊「第六筑波隊」隊員として出撃、戦死）と今生における「出撃前のキャッチボール」をしたという。

そのときの様子は、『太平洋戦争航空史話（下）』（秦郁彦、冬樹社）に次のように記されている。

昭和二十年（１９４５年）五月十一日朝、南九州鹿屋、ようやく明るくなってきた野里小学校の校庭に、この日出撃する数十名の特攻隊員が整列した。岡村指令の訓示がすむと同時に、隊列から飛行服に身を固めた二人の青年がかけ出してきて、キャッチボールを始めた。

一人はプロ野球名古屋軍の投手だった石丸進一、受け手は法政大学の一塁手だった本田耕一、二人はともに予備学生第十四期のパイロットで海軍特別攻撃隊筑波隊の隊員だった。

二人が投げ合う風景になじんでいた報道班員山岡荘八は、それが石丸の最後の投球練習になることを覚って、声もなく見守った。二人はやがて十本のストライクを通すと、ミットとグローブを勢いよく投げ出し、山岡に「これで思い残すことはありません。報道班員さようなら」と挨拶《あいさつ》して飛行場に向かうトラックに乗りこんだ。

注・その場に報道班員としていあわせた作家の山岡壮八はその後作家となり、このときの様子を著書『庶民のなかの士魂―野球と特攻』に書き残している。

石丸は、本田との最後のキャッチボールで、野球への熱い思いを絶ち、特攻機に搭乗したにちがいない。

石丸は、召集の前に球団の金城氏のところにお別れをいいに訪ねてきて、「私は野球をやってとっても幸せだった。活躍できたのも野球のおかげでほんとうに何の思いもなく私は死んでいける」といったという。そのうちに「私、配属が鹿屋に決まりましたから……」といい、そして彼は「ボールを1個ください」と頼んだらしい。それでボールを1個もらう。それを持って帰ってから、「もういよいよ行くことになりました」という手紙がきたという。

それで、特攻基地があった鹿屋で、法政大学出身の本田と出会った。その本田も特攻で亡くなっている。この二人が最後のキャッチボールという伝説をこの世に残してくれたことは、感動的である。

その場にいた山岡としては、10球目の最後の「ストライク」は、とても口に出せなかっただろう。キャッチボールする石丸と本田、そしてアンパイア役だった山岡、そのなかでいちばんつらかったのは山岡だと思う。ちなみに「ストライク」という言葉は、戦争中、敵性語として禁止されていた。今では考えられないことであるが、どう表現していたのか。たとえば「ストライク」は「よし」、「ボール」は「ダメ」といった。すべての野球用語が日本語に置き換えられた。

この二人が最後のキャッチボールで、「ストライク」という英語を使ったかどうかは定かではない。もし使ったとすれば、その広い心が二重の感動を伝えたにちがいない。

私はことあるごとにアメリカ人に、

「この二人は野球をものすごく愛していた。敵国のスポーツなのに、それを愛して死んでいく野球人ってどんなにつらかったろうか。これは皆さんの心にとどめておいていただきたい」

と伝えている。

この感動的なエピソードは、野球関係者の間ではよく知られていると思う。しかし、当時、野球を心から愛した日本人のプロ野球選手がいたことは、アメリカでは残念ながらほとんど伝わっていない。

◆終戦直後八月一七日のソフトボール

すでに触れたが私が野球と初めて出会ったのは、終戦直後で、しかも終戦二日後の八月一七日だった。小学生で、年は九歳だった。この日、学校の先生が道具置き場から古びたソフトボールの道具を出してきた。その人は栗木正先生といった。

実は、ソフトボールの道具は、戦時中に敵性スポーツとして禁止されていた。そのため、道具を縁の下に隠し、フタをして上から釘を打ってあった。

釘を打ってあるから、縁の下には行けない。だから、釘を引っこ抜いて出してきた。

それが私の生まれて初めてのグローブやバットとの出会いだった。野球の親戚であるソフトボールとはいえ、この出会いは大きな感動だった。九歳の少年にとっては戦争に負けた悔しさよりも、これからは空襲を気にすることなく、自由に遊べるのだという解放された喜びのほうが大きかった。

われわれはソフトボールの道具で、ゲームを心ゆくまで楽しんだ。打順が回ってきたとき、私はバーンと遠くへ飛ばした。

私は、このとき**このスポーツが、**

「これはおれに向いてるなー」

と直感した。

なにしろ終戦直後だから、日本の国力がないうえに国民も貧乏だ。教科書もなければ何もない時代だった。新制中学ができても、それこそ先生たちは右往左往するだけだった。何も教えることができない先生が山ほどいた。新しい校舎ができたけど、肝心の運動場はなかった。
私は、野球をやりたいから、野球をやりたい子どもたちだけを集めて運動場をつくることにした。みんな家からツルハシやシャベル、リヤカーなどを持ってきた。運動場ができるまで、われわれは、練習も試合もよそへ行ってやった。

運動場は、そこで野球だけをやるわけにはいかない。生徒全員が使う。贅沢はいえなかった。運動場づくりのために生徒全員が協力してくれた。そのうちに、いろいろな人が手伝いにきてくれた。土建屋だったうちのおやじも手伝いにきた。バックネットもつくってくれたので、野球ができるようになった。**私の野球人生は、それから始まった。**

野球との出会いをさせてくれた栗木先生には、歳月がたってからも恩を感じていた。高校を卒業してプロに入ってからも、ときどき手紙などをやりとりした。その後、栗木先生も出世された。水戸の高校の教頭になられたとき、お会いしにいった。

そのときは、私はすでに引退していた。

お会いした席で、

「栗木先生のおかげで野球で飯を食えましたから」

と話し、お礼をいった。

◆進駐軍との交流のなかで……

西鉄ライオンズへの入団は高校卒業直後だった。なんと一八歳そこそこの子どもが茨城県の水戸から北九州の福岡に行ったわけで、実に遠いと感じた。福岡に行ったときは進駐軍《しんちゅうぐん》（終戦後、日本に進駐したアメリカ軍）がいっぱいいるではないか。特に空軍が多かった。あれは朝鮮戦争の影響があったからだろうと思う。最新型のジェット戦闘機がバンバン飛んでいた。そのため、試合中にタイム（中断）が何遍もかかってしまった。

当時、一般の日本人のなかには、「アメリカ兵が日本を救うためにきてくれてるな」と感謝していた人が多かった。

考えてみれば、原爆まで落とした国だけど、そういうところで野球が国民感情を緩和してくれたわけだ。それで野球の試合をやっていると、アメリカ兵が応援にきた。

それだけでなく、差し入れがくる。私に向かって、「おれはおまえのファンだ」とかいう。そして、紙袋をくれる。茶色っぽい紙袋で、チョコレートとそれから、ビールが入っていることも多かった。

ビールは、日本ではビンビールだったが、アメリカ製は缶ビールで、驚いた。缶詰の文化はすごいと思った。それから蝋を引いた紙袋があって、一袋で一日生きられるという食料がセットされていた。そのなかには、貴重な食品も含まれていたが、アメリカ兵の兵隊食だった。珍しいからみんなで開けて、

「これはすごいなー」

といったものだ。そして、

「おれらが今食ってる弁当よりはるかに栄養がある」

と話をしていた。

「これでは、やっぱり（戦争に）負けるはずだよな」

といった結論が出る。アメリカ生まれの品物に出会ったときに文化の違いを知った。そのうえアメリカ文化は総じて合理的だということも感じた。

ときどきアメリカの兵隊チームがわれわれに野球の試合を申し入れてきた。

アメリカ側の代表が、

「豊さん、今度試合やるけど、これない？」

という話をする。

「よし、何かくれるのか」

といったら、

「まずステーキを食わしてやる」

と答える。それから、

「用具の入った倉庫を10分だけ開放する」

などといってくれる。


要するに「いる道具があったら勝手に持っていってくれ」ということだ。これには、驚いた。あちらから「泥棒しろ」っていうわけだから……。


試合では、相手はアマチュアだから、こてんこてんに負かしてしまう。彼らは、私のところに訪ねてきて、

「今度リターンマッチやる。相当なやつを飛行機で呼ぶから」

という。そして選手を連れてフィリピンからジェット機でくる。沖縄からもいっぱいくる。そういう選手が集まってきて試合をする。


しかし、彼らはずっと野球をやっていないから、カーブを投げたら打てない。それで、また勝つと、

「悔しいな」

という。彼らのなかには元大リーガーもいた。でも「元」だから、今は大し

たことがないわけだ。

アメリカ人が面白いなと思うのは、そのつど、試合用のユニホームをつくることだった。名前も入っている。ワンセットそろえる。金があるから豪勢だ。それでも、試合では、われわれが勝つ。ステーキを食いたいばっかりに頑張るわけである。なにしろ３００グラムぐらいのステーキが出てくる。これはうれしかった。

◆プロへの道……校長と宇高スカウトの話から

話は前後するが、私がプロの道に入るにあたっては、高校の校長の岡田先生と宇高勲スカウトに大いにお世話になった。この間の事情については、たびたび新聞にも書いた。

宇高勲氏は戦後間もない昭和二二年（１９４７年）、独立リーグ、国民野球連盟（国民リーグ）を発足させた。そして自ら「宇高レッドソックス」のオーナーとして参加した。続いて昭和二六年（1951年）、西鉄ライオンズの専任スカウトに就任し、大下弘、高倉照幸、稲尾和久らのほか私を西鉄にスカウトした。その後、国鉄スワローズへ。定年後は、スワローズオーナーとなって、プロ野球の発展に貢献した。

この宇高氏が私の在籍していた高校の校長室へ訪ねてきた。

宇高氏は校長先生に、

「私はこういう者ですが、お宅の豊田泰光という選手をプロ野球に入れたいからお訪ねしてきました」

といった。

それにこたえて、校長から「すぐに豊田君に校長室にくるように」との伝言があった。

私はそのとき授業中だった。誰かが教室のドアを開けて、先生にメモを渡した。先生が、

「豊田君、ちょっとおいで」

といった。私は、

「はい」

といった。先生は、

「すぐ校長室に行きなさい」

といった。

私は内心で「何かおれ悪いことしたかな」と思った。しかし、校長先生の話は、プロへの入団の話だった。

私は、その席で入団を承諾した。もちろんスカウトの宇高氏とは初対面だった。しかし、会った瞬間に温かい人柄が伝わってきた。誠意のにじみ出た話しぶりが気に入ってしまった。これが入団を決意した大きな理由だった。

思えば、高校の校長先生は、生徒に対してとても優しい人だった。生徒に深い理解があった。それは、校長先生の息子さんが飛行兵で、年恰好が同じ生徒がかわいかったからかもしれない。それは、校長室の壁に航空隊の服装した息子さんの写真が飾ってあったことで理解できた。

校長先生は、以前から、余計なことは聞かずに、「眠いときはここへきて寝ろ」などといってくれた。「授業中、寝るな。『腹が痛い』といってこい」と知恵まで授けてくれた。それで、何度か寝ているときに起こされたりした。しまいには仮病を使って医務室に行って寝ることを覚えた。

その校長先生は、母校チームが甲子園大会に出場したときにきてくれた。私が大会で選手宣誓の役目を指名されたとき、校長先生は選手宣誓の練習を100回以上繰り返すようにいった。

校長先生にマンツーマンで選手宣誓を指導されたが、私は、

「先生、こんなことは簡単にいえるでしょう。『宣誓。われわれはスポーツマンシップにのっとり、学生野球らしく正々堂々と戦うことを誓います』って、たったこれだけですよ。100回も200回もやんなくたって、こんなの目つぶったってできますよ」

といった。

するど校長先生が、

「そういうものではない。あと10回」

といったので、同じことを繰り返した。

大会になって、開会式が始まった。選手たちが並ぶ。並び終わるのを待って、「選手宣誓」といわれたときだった。不思議なことに、そのあと意識がなくなってしまった。ウソのような話だが、本当に意識がなくなって何も覚えていない。

それにもかかわらず、地区大会の優勝旗を持ったまま立っていた。そしていつのまにか、次の行事が行なわれていた。

そこで、プラカードを持った女の子に、

「うまくやれましたか」

と聞いたら、うまくやったといわれた。

私は、それでも信じられなくて、仲間の選手に聞いた。

「うまくやったか、おれ？」

すると、

「うまくやったぞ」という。**そのときわかったことだが、まちがいなく、100回練習をしてくれた校長先生のおかげだったと納得した。**校長先生は、「選手宣誓は、緊張であがってしまってもできる」というところまでやらなければいけないことを知っていたのかと思った。

この教えはプロに入ってからも役に立った。意識がなくなるほどしんどい練習をやっても平気になる。汗が出なくなるほどノックを受けているとだんだん意識がうすれてくる。そうなるとノッカーの打つ打球が変わって顔面近くまで飛んできても、無意識のうちに受けているから不思議だ。

第2章

経験そして多感なときの教訓から

◆打者は、まず速いストレートを想定しておくほうがいい

野球で重要なポジションはキャッチャーとピッチャーだ。特に、ピッチャーの存在が大きい。単純に考えれば、ピッチャーがいい投球をして打者に打たれなければいいからだ。

私は、バッテリーに求められる資質は、観察力だと思う。相手の打者が何を考えているのか、それを見抜いて、意表をつく。現役時代は、相手選手の動きを無意識のうちに観察して対応した。現役引退後、そのノウハウを話せば貴重な教訓になることがかなり多い。

以前、私が近鉄のコーチをしたことがあった。そのとき、宮崎の出身で、近鉄にきた清俊彦《せい》というピッチャーがいた。この選手がすごく鋭いカーブを投げていた。ガガーっと、グーっと切れのあるボールを投げる。

お互いＯＢになったときに、私が野球の技術研究会を開いたときに、勉強したさに清がきた。

そのとき、

「清、おまえのカーブは抜群だったから、カーブの投げ方をいっぺん披露してくれないかな」

と頼んだ。

清は、

「ああ、いいですよ」

といって、壇上に立った。ＯＢが１００人ぐらいいるなかで、

「私のカーブは、手首ごとキャッチャーに投げるつもりで投げる」

と説明した。ボールをひねって、手首ごとキャッチャーに投げるつもりで投げるということだ。**これはすごいと思った。カーブを投げる執念が入っているのではないかと感じた。**

カーブというのは、ひねって投げるボールだ。しかも清の場合、手首ごと

ひねって投げる。妙ないい方だが、それでボールに手首ごと気持ちが乗っかっていく。投球の現場では、そうした執念がボールに力を与える。

私は、こんなプロの話は聞いたことがなかった。すばらしいなと思った。テクニック以上のものだ。

清は、心のなかで「曲がれー」って投げている。気合いというのか。実際に、「いけー」といって投げるピッチャーがいる。あるいは、「ヤー」といって投げるピッチャーがいる。気合いを入れて投げる。

清は、カーブを得意としていた。妙ないい方だが、だからこそストレートが生きる。

打者の立場からいうと、

「あいつはいいカーブを放るから」

と思っている。

そのときに、ストレートがきたら手が出ない。打者の頭のなかにカーブが想定されているから、それに身体が引きずられていてストレートに対応できなくなっているわけだ。

ピッチャーは、ひとつ武器を持っていると、引出しがいくらでもあるということである。何を投げても打者に対して威力を発揮する。打者はピッチャーが投げる球種の威力への思い込みにひきずられて、打法をまちがえるからだ。

これは一種の心理学を利用した投球作戦といっていい。

そこで私はアドバイスしたいが、打者というものは、まずストレート以外のボールを想定しないほうがいい。ストレートを想定して、仮にカーブがきても、ボールが緩いから比較的対応しやすい。逆に、打者がカーブを想定している場合に、ストレートがきたら対応できずアウトになる。ボールのスピードが速いからスイングのタイミングが遅れるのだ。

これは、チェンジアップの奥義といっていい。

くどいようだが、打者はピッチャーを見て、絶対に緩いカーブを想定してはいけない。カーブというのは一般的に緩くなるが、もしピッチャーがカーブを投げるフリをしてストレートを投げたら、ボールが速いから、ボールをよけきれずに、打者の頭に当たってしまう確率が高くなる。これは、本当の話で、ボールが頭に当たって、野球生活をやめなければならなくなった選手は意外に多い。

打者は、カーブがくるとヤマをかけているから、ストレートから逃げ切れないわけだが、それを頭に入れておくことが重要で、打者の第一条件だと思う。これが、私のすすめる打者の哲学だ。

◆打者の選球にヤマ勘ほど当てにならないものはない

打者はストレートを想定するといったが、ピッチャーの癖を下手に信じてはいけない。

最近では、ピッチャーの癖を研究して、球種を予想する場合が見られる。

相手ピッチャーの投球をビデオで見て、「あの投手の球種はこういうもんだ」と想定するケースが多くなっている。いわゆる情報で作戦を立てるということだろうか。それが可能なら、バッティングの対応ができやすく、ヒットできる可能性も高くなる。理屈はよくわかる。

ピッチャーがこういう動きをしたときは「カーブがくるぞ」とか、「フォークボールだぞ」とか「ストレートだ」ということになる。

もちろん、ピッチャーの癖が出てしまうと当たる確率が高くなるかもしれない。その癖をビデオでしっかり見て、ストップモーションで止めたりしながら、細かく見る。そして、その癖を見抜く人（専門家）がいて教えたりする方法があるわけだ。そうすると打者はピッチャーの球種を想定できる。

仮にそうであっても、私は、想定してはいけないと考える。

もちろん想定していい場合もある。それは１００％打てるときだけだ。しかし、**当たる確率が80％なら想定はダメだ。**もし想定すれば「70％でいい、50％でいい……」ということになる。なかには「50％でも上等だ」というのがいるわけである。**そうした想定は、単なる賭け、ヤマ勘であって、プロの姿勢ではない。**

これは、会社経営にも当てはまる話でもある。

たとえば、他社と同じことをやったら「100%儲かる」ということならいい。しかし、50%だったらダメだ。仮に、もっと確率が高くて、「この方法だったら80%の確率でヒットする」という話だったら、どうするのか。ヒットというのはこの場合、売れるという意味だが、こういう想定もダメだと思う。

特に、野球では、こうした危ない話に乗る選手は、選手生命が短い。ヤマ勘に頼るから努力を怠る。進歩がなく、実力がつかないからだ。

ではどうしたらいいのか。

結論は「解答はわからない」ということだ。

何だ、答えになっていないではないかといわれそうだ。

あえて解答をするなら、「自分の考え方を持つこと」だと思う。そうすれば勝負するときに悔いを残さず、納得できるからだ。

ピッチャーが投げるコースに対する「自分の考え方」の一例を述べよう。

もし打者がストレートを想定している場合、アウトコースにくるか、インコースにくるか。その確率は半々だ。

一般的に、どこに投げるかピッチャーに聞いたら、みんな「アウトコース低めに投げます」っていうだろう。子どもでも「アウトコース低め」という。「何で？」って聞くと、「いちばん打ちにくいところだから」と答えるだろう。「何で打ちにくいの？」と聞いたら、頭のいい子だったら、「目からいちばん遠いから」という。もちろん「バットから遠い」といえばもっとましな答えになる。

打者にとってネックとなるコースは、アウトコース低めだが、そこへ投げるピッチャーがいいピッチャーといえる。かつて同僚の稲尾は、アウトコース低めにコントロールよく安定して投げていた。

だから「自分の考え方」として、「アウトコース低め」にくると想定するのがいい。

断わっておくが、ピッチャーがコントロールを効かせてアウトコース低めを狙って投げることは、なかなかできないことだ。そうした技量があってこそいろいろな球種が自在に操れることになるわけだ。

基本的にピッチャーの球種は4種類ある。真っすぐ（ストレート）とカーブ、フォーク、シュート。これを操って、工夫する。

私が稲尾に晩年、

「コントロールはどうしたらつくの？」

と聞いたら、

「記憶力だ」

と答えた。

「記憶力だよ、豊さん」という答えの意味を、私はすぐにはわからなかった。

私はピッチャーじゃないから、稲尾は補足して「記憶力」ということを、

「ボールを手から離したときの感触だよ」

といった。

すなわち、ボールを投げたときの感触が自分の頭のなかに残っているということだ。

これは、本人でないとつかみづらい感触だが、それが彼の「記憶力」という表現になってでたわけだ。だとすれば以前に投げたボールを今日も投げられるということだから、それだけの記憶力があったとしたら、すごい。これは、プロのピッチャーが聞いたら、ものすごくいいヒントになるはずだ。**「自分の考え方」が自分の記憶に基づくものではなく、あやふやだと不調の原因になりかねない。**

◆小林秀雄氏とのスランプ談義

どんなにベテランの選手でもスランプはある。スランプとは何か。以前、私は、文芸評論家の小林秀雄氏と会ったときに、スランプについてのとてもいい話ができた。

小林氏が書いた『考えるヒント』という本に載っていることだけれど、そこでスランプの話がとりあげられていた。

小林秀雄氏は東京生まれ、戦前の人気漫画だった『のらくろ』の作者である田河水泡（義弟）や白洲次郎・正子夫妻と縁戚の関係にあった。一高（旧制第一高等学校）、東京帝国大学仏文科卒。一高時代に野球部に入部するが、事情により途中で退部したという話を耳にした。だからまんざら縁がないわけでもない。

私は、以前鎌倉の小林氏の家までお訪ねしたことがある。

そのとき、一杯飲みながら、

「スランプとは何か」という話が出た。私は、

「そうですね。スランプというのは、理由も全部わかっとって、自分で。わかっとってもどうしても打てない……」

といった話をした。

スランプというのは、実は、スランプに陥った本人がいちばんわかっている。もちろん原因もわかっている。打者からいえば、体の開きが早いだとか、原因はいろいろある。今、いったように、スランプの原因は本人がわかっているわけだ。

それで、スランプから脱しようと考えて、いろいろ試してみる。直そうと思ってやるけど、よくならない。

しかし、そのうちに、あきらめの境地に入ってくる。そうしたら、妙に食欲とかが出てくる。そして、眠れるようになる。不思議なものでそうなって

きたらいつの間にかスランプは直っている。

小林氏の『考えるヒント』には、以下のように書かれている。

「彼（豊田）は、面白いことをいった『スランプが無くなれば、名人かなーこいつは何ともいえない。だが、はっきりした事はある。若い選手達が、近頃はスランプなどとぬかしたら、この馬鹿野郎という事になるのさ』」

そのうえで小林氏は、

「工夫の極まるところ。スランプという得体の知れない病気が現れるとは妙なことである」

と述べている。そして、

「自分はペンで食ってる。同じじゃねえか」

と書いている。

そのうえで、自分にもいいときも悪いときもある。だけどペンで飯を食っている以上は、こういうのと出会わないわけがない。おれたちも同じだ。だから、いいときを大事にする。悪くても焦ったりしないということではなかろうか、といった話をされた。

誰にでも、調子がいいとき、悪いときがある。スランプを脱する場合、畑が違う人の話を聞いて別の角度からものを見ると、意外にいい効果があって、救われることがある。

たとえば、私の講演を聞いて、野球の世界に無関係な人が考えるヒントを得ることも多いと思う。

私の話は、同業の人にいうことがほとんどだ。たとえば**バッティングは、一瞬の間に決まる。１秒もかからない。そこで大事なのが準備だ。**

私は、よく打者にいう。

「ピッチャーが150キロのボールを投げたとき、打者はいつからバッティングの動作をし始めるのか。それに気がつかなかったらダメだ。ものすごい速いボールを投げるピッチャーに対して、自分はいつから打つ用意を始めるか。それをよくわからんのが多いですよ。ピッチャーの動作に合わさんといけない。

ピッチャーが動作し始めるときに、こちらも行動を始める。打つ準備を始めるわけだ。ピッチャーが投げるボールとの間合いを詰めなければいかんわけでしょう。ものすごく速いわけですから。心に余裕を持つには、前もって用意がなければいけないということだ」

打者は、ピッチャーの動きに対して早めに行動を起こす。注意したいことは、それが物理的な意味だということだ。ボールが速いとなると、より速く打つ準備をしなきゃいけない。「よーい」っていったときに、「よーい」とやって走るのではなくて、その一瞬前だ。その間、0.1秒かどうかはわからない。

この意味でいえば、テレビを見ていて、速いピッチャー、たとえば松坂が投げているときに、打者はいつごろから用意をしたらいいのかなっていう目で見たらいい。野球を見るには、常に、そういう目で見なければいけない。

こうした問題意識を持つことがスランプに陥らないひとつのポイントだ。

◆大事なのは「キャッチャーの目」だ

野球というものは、球場に行かなくても、テレビを見ればピッチャーも打者も見える。当たり前の話ではないかといわれそうだが、実は野球のベンチからは、ピッチャーと打者の様子が同時に見えない。そういう状況に監督と選手がいる。実は、野球の難しさはそこにある。

キャッチャーとしてあれほどリードのよかった古田敦也がどうして采配をまちがえて負けるのか。その理由は、バッテリーの様子が見えにくいベンチにいるからということだ。それで采配をまちがえる。

野球の采配というのは、キャッチャーの目であり、古田はマスクのなかから見ていたとおりの野球をすればいいいと思う。生涯一捕手の目でいい。しかし多くの場合プレーが見えにくいベンチで監督をやってしまう。これがいけない。

その点、**楽天の野村監督は、ずっと「生涯一捕手の目」でマスクのなかから采配をしている。だからうまい。**

これを証明した事実がある。

巨人に松本という選手がいた。選手を辞めてから、楽天にコーチで行った。そのとき、野村がきた一年目だった。しかし、一年でコーチを辞めて帰ってきた。辞めた理由は、契約だと思うが、彼の話では、野村さんのところでは、何の勉強にもならんかった。あの人は全部マスク越しの話だ」といった。

ところが野村はいちばん正しい自分の見方を知っていると私は思う。キャッチャーのマスクのなかから見ていた考え方や思考力がベンチにいてもそのまま使えるわけだ。

いいかえれば、キャッチャーだけがチームの状況を他の選手とは逆の視野から見ているから、今、チームがどうすればよいかがわかる。それは野村が持つ独自のキャッチャーの目で野球全体を見て、そのうえでの采配である。

実際にキャッチャーとしてプレーしていなくてもゲーム全体を見て分析する能力があるということだ。実際、他の監督のなかには、「この次に生まれてきたら、おれはキャッチャーをやる」といっている人がけっこう多いらしい。

これは、キャッチャーの面白さでもあるが、同時に、ゲームの要の１人であるピッチャーをリードする重要な役割を担う。

ゲームではキャッチャーが軸になって、この次は打たさないぞというための作戦を練る。具体的には、キャッチャーがピッチャーにサインを送って策を授ける。ピッチャーは、それに従ってボールを投げる。

ピッチャーは、キャッチャーが示した球種に対し、気に入らなければ、「その球種は投げたくない」という合図で首を横に振る。

そのさい、利口なピッチャーなら、経験のあるキャッチャーに、あまり首を横に振らない。

しかし、ピッチャーに首を横に振られた場合は、

「おまえ、これを投げたらどうか」とサインを出し直す。

こうしたやり取りをしながら、最終的に何を投げるのかが決まってくる。

バッテリーの間で交わされるサインは、打者を幻惑させる意味もあって、何度か交わされる。そして、3回目に出したのが本当という約束ができていたら、それが最終のサインになる。

もし途中でピッチャーがうなずいて、その球種を投げて、ポカッと打たれたら、「おまえが勝手にかえたんじゃないか」とキャッチャーにいわれるかもしれない。しかし、普通は、そういうことをキャッチャーはいわないものだ。なぜならバッテリーのチームワークがくずれるからだ。

キャッチャーは常にピッチャーをかばうのが普通だ。多くの場合キャッチャーから「悪かったな」とかいう。もし「悪かったな」といわれたら、ピッチャーとしては最悪ではないかと気づくべきだ。

しかし、キャッチャーは、監督の前で「ごめんな。おれのリード悪かった」って謝る。そうしたらピッチャーは黙って目で返事をしたらいい。それは「もう二度と首を振りませんから」という暗黙の了解になるわけだ。複雑な心理劇みたいで読者の方にはわかりづらいかもしれないけど、それぐらいのことをわからないとキャッチャーはできない。

相手の打者だけでなく、味方のピッチャーに対しても気を使う。作戦はそうした精神的配慮をベースに実行しなければならない。だからキャッチャーの役目は大変だ。キャッチャーの動きに注意しながら、改めて野球の試合を見ると、野球の魅力をより深く味わえるかもしれない。

◆いい監督（指導者）は、いいことも悪いことも理解できる

実際の試合でキャッチャーは、監督に準じる役割を務めているわけだ。そのうえで監督が采配することになるわけだが、実は、それを理解していない監督が多い。そういう監督は考えて見ていない。選手が失策すると「何で早くカバーせんかい」と怒る。

これでは、アメリカへ行って監督の何たるかを学び直してこなければダメだと思う。多くの監督が大リーグを見学しているけど、何も学んできていないのである。

大リーグでは、名選手でも監督になるためには、マイナーから上がってくる。要するにマイナーに戻って采配に不可欠なマネジメントを学び直すわけだ。選手としてどんなに優秀でも例外はない。監督業というものを一から指

導される。それで上がってきた人だと、態度がちがう。スターが監督になる日本とは大きな相違だ。

日本の監督で、名を成した監督は、三原脩、鶴岡一人、そして水原茂。それに、川上哲治、西本幸雄くらいだと思う。このなかで、西本は日本シリーズで優勝していない。しかし、勝負師としては一流だった。

西本は、内野手だったけれども、そういう人が名監督になれたというのは、キャッチャー的思考を持った内野手だったからではないか。

実は、内野手はなかなか頭を使うポジションだ。特にセカンド、ショートの選手はキャッチャーのサインを見て、もし悪ければ「ああ、まずいな」と思えるようなら、かなり優秀だ。監督は、そうした内野手を育てるべきだ。

しかし、注意したい点がある。

もし、内野手が相手の打者に「打たれたら、まずいな」とか、打たれない場合「あのスライダーがよかったからな」とか、そうした経験ばかりに頼っていてはダメである。

一方で、経験があるからといって、妙に頑固になるキャッチャーというのでもダメだ。打者を抑えた球種だけを選んで「これを投げろ、これを投げろ」と押し通そうとする。これはいけない。裏をかいているつもりでも、打者は、同じボールが2度きたらヒットする可能性が大きい。

今度こそこっちにくるからとか、同じところばかりに投げて、たとえばインコースに2つ続けてきたら、絶対に3球目が狙われる。しかし、アウトコースに2つきたら、打者は今度は「インコースかな」と予想して打ちにくる。ツーボールナッシングの場合、インコースのほうが危険であり、ホームランを打たれる可能性が大きい。

守備という点で、頭のいい内野手は、そこのところをしっかりと考えながら守っている。守る選手はそういうことまで見ている。守るということは、相手の打者が打つコースに反応する必要があるから守備体型に備えがあるわけだ。キャッチャーと同様、内野手は、大変だ。ぽーっとしていたら、絶対にいい選手にはなれない。監督はそうしたことを考えながら選手を教育する必要がある。

打者が三遊間を抜くヒットをよく打つ。あれは0コンマ何秒の差で成功する。内野手は、たかだか1メートルぐらいの差でボールを取り逃がしている。時間にすれば、それこそ0.1秒差だ。この反応の差は大変なものだ。打ったボールが1メートル横でも取れないものは取れない。しかし、そこに30センチか40センチの予測行動があって、事前に寄っていたら取れる。

だから、**頭のいい内野手は、前もってバッターの構えを見て、守備位置を変えている。**でなければ、体の向きを変えている。ボールが行きやすいほうを向いているわけだ。そうすると、0.1秒でもアクションがまったくちがう。要するに、0.0何秒の世界でボールがグローブの先に止まるか抜けていくか運命が分かれるのである。

私の経験からいえば、ボールの半分がグローブの先に引っかかれば、何とか止められるのではないかと思う。打球は、止めるだけでいい。止めれば何とかなる。止めればランナーは、それ以上、走れない。打球が抜けたらランナーは走っていってしまう。このわずかの差が非常に大きい。それだけのわずかの差、そこに思考力を働かせないと、いい選手になれないわけだ。

こう考えると内野は、実に怖い。守備位置を瞬間に考えなければならないからだ。実際、名選手といわれる内野手はいつも考えている。

監督は、そうした寸秒を争うプレーをしている内野手の緊張した状態を理解しなければ務まらない。現場の緊張のなかで戦う選手を心身ともに飲み込む心の強さと広さを持つ人格が不可欠である。

私は、全部野球で考えている。「野球で考える」という発想は、一般社会にも通じる。いきなり話題が飛ぶが、どこかの会社の社長さんと会って何か話しているときに監督（指導者）についての話になった。

そのとき私は、

「ああ、こういう顔した監督だったらいいな」
とか、「話し方、ああ、わかりやすいな」
といった。

しかし、**結論をいえば、野球チームの監督と同様、企業の指導者も人格者であることが不可欠だ。**もちろん今、活躍している監督がすべて人格者ではないということではないが、日本人は一般に人格に対する考え方や認識が足りないし甘いと思う。

人格者と聞けば、「いい人」と思う。また、「人のいい人」とか「優しい人」「よく勉強した人」ということになる。人間の持っている「いい、悪い」ことすべてを理解できる人、それが素直な見方だ。

しかし私は、そのなかで「すべてを理解している人」が人格者だと思う。いいところも悪いところも全部知っている人。そういうものに対応する力がある人。悪いものに対して闘う方法論を持っている人のことである。

◆勘を磨けば、怖いものが少なくなる

私は、**野球にかぎらずおよそ世の中を支配しているものは、「勘」が重要な鍵になると考えている。**

かつて、財界の重鎮だった水野成夫氏に、

「勘とは何ですかね」

と尋ねたら、

「そりゃ君、経験の集積だろ」

という答えをいただいた。今でも、これが最も的を射た答えではないかと思っている。

練習による模擬訓練でも、勘はある程度、磨けるのではないかと考えられる。実は、それが勘というものを培うと思っている。

いきなり畑違いの話だが、柳生真陰流の奥義を記した『兵法家伝書』

（柳生宗矩《やぎゅうむねのり》著）には、ああしよう、こうしようと思わずに、いつの間にか切り倒しているというところまで稽古は積まなければいけないといった主旨のことが記されている。

私は、「ああ、それが勘なんだな」と思った。

「経験と修練を積む」ということだが、かつて私は、遠征で富山に朝早く列車が着いたさい、日が出るまで列車のなかで待っていた。そのとき川上哲治氏が『勘の研究』という本を読んでいるのを見かけた。

『勘の研究』という本は、日本における心理学の草分けとされている黒田亮先生が著した古典的な名著で、人間の意識と行動に関して、心の深層から説きおこしている。そのなかには、宗教や芸術から剣法の極意までが記されている。

それを川上哲治氏が熱心に読んでいた。それを見て私も強く興味を持った。どうしたわけか、この名著がなかなか見つからなかった。やっとのことで探して手に入れて、目を皿のようにしてむさぼり読んだものだった。

そのなかには、たとえば目の不自由な人が杖一本で歩く姿が書かれていた。それには、歩く先の危険の察知もできるとか、そうした内容が記されているが、もっとも興味をそそられたのは前出の『兵法家伝書』(柳生秘伝書)に触れていることであった。

そこで私は「これは『兵法家伝書』を探さないかんな」と思った。しかし、これがなかなか見つからない。この本を手に入れたのは、国鉄スワローズに移籍したときだった。同僚に神田の古本屋の息子がいて入手を頼んだ。彼は『勘の研究』と『兵法家伝書』をすぐ持ってきてくれた。

『兵法家伝書』に関しては、わざわざ新しく出版されたものを手に入れてくれた。先に触れたように、その本には、いつの間にか切り倒していなければダメだといった主旨のことが書いてあった。

この本は、現役選手に役立つ内容が多い貴重な指導書である。特に指導者には必見の書だ。私が考えるところで見逃せない点は、何といっても注意力だ。

早い話、私は、

「川上さんは、何を読んでるんだろうな」

と思ったがこれも注意力のひとつだ。勘が働いたのである。

普通に考えれば、川上氏が「何を読んでいるか」ということは気にならない。しかし、そこに注意したからこそ、私は「勘とは何ぞや」というテーマが自分にできたわけだ。これは、なかなか答えが出なかった。しかし、先に触れたように、水野成夫氏が、

「うん、勘はな、経験の集積だよ」

というのを聞いて、いっぺんに答えが出てしまった。

この答えは、まだ川上氏にはぶつけていない。いっぺん聞きたいと思う。どんな答えが返ってくるのか。こういうテーマで人に会うのもいいと思う。こういうことがわかる人というのは、スポーツ界にはそんなにはいない。川上氏は、ひところ〈身延山〉に入って修行して、禅を組んでいた。ただ者ではないと思う。普通、あんなところで修行はできない。すごいとしかいえな

い。

川上氏については、忘れられない思い出がある。

実は、西鉄時代に、川上氏から「巨人にこい」と誘われていた。それには、西鉄を出ることをまずしなければいけない。西鉄を出ることに関しては宇高スカウトに相談した。そうしたら、宇高スカウトがちらちらとまわりに話をして、噂になってしまった。そのうえ、国鉄スワローズへもれてしまったため、この移籍の話はなくなってしまった。

私は、高校を出てから立教大学にいく予定だった。しかし父親が病気になりあきらめ、西鉄に入っていた。立教大学は、砂押邦信氏が監督をしていた。砂押氏は、私を知っていたから、内心では、巨人へ橋渡しをしてくれるつもりだったと思う。

もし、私が巨人に入っていたら、サードを守っていたはずだ。仮定の話だが、そうしたら巨人は長嶋茂雄を取らなかったかもしれない。

そうなれば長嶋の人生も変わるが、「何か変なところでいっぱいつながっとるな」と感じている。

思えば私の巨人入りに対して、先ほどの宇高スカウトは、すすめなかったはずである。というのは、宇高氏は西鉄の人だったから、会社に弓を引くようなことになるからだ。

川上氏が私にいったのは、本心だったと思う。

というは、私が、

「広岡（達朗）がいるでしょう?」

と聞いたら、川上氏が、

「広岡は出すから」といった。こんな大事なことは冗談ではいえなかったはずである。川上氏は私みたいな選手が好きだった。だから、私もこうやっていつまでも川上氏のことを尊敬している。

第3章

野球思考で課題を解く

◆ときには悪役になる度量が必要だ

人を育てるために、相手の欠点やまちがいを率直に指摘することが必要だ。ときに指導者は、自ら悪役になる覚悟が必要であり、そのための度量が不可欠である。

私がサンケイアトムズにいたころ大洋との3連戦で山形から仙台に向かった。選手リーダーだった私は、宿舎に着くと翌日がダブルヘッダーだったので、「悪いが今日は外出禁止にしてくれ」と選手に伝えた。ところが一風呂浴びた後で主力選手が外出しようとしている。聞くと、「監督が許可してくれた」とのことだった。監督は、飯田徳治氏で「仏の徳さん」と呼ばれていたほどの善人だった。選手の一人が親戚と会食するとのことで監督が親心を出したのだろう。

その監督と申し合わせて私が憎まれ役を買って出ていたのに、これではシメシがつかない。嫌な予感がした。試合は3連敗した。当時、サンケイも善人集団の弊害があった。指導者が選手に優しいのはいいときもあるが、ミスに対しても甘くなり傷をなめあう癖がつく。

話が飛ぶが、昨今話題の朝青龍問題の場合、高砂親方が本人に話をしてもラチが明かない。それは、親方が善人で苦言もいえず、事あるごとにけじめをつけることなく、優しすぎて、弟子へのシメシがつかなくなっているからではないか。

野球チームにかぎらず、会社などの組織においても、善人ばかりでは人は育たない。

私は昔から毒舌で憎まれ役は気にしていないが、部下を使い、人を育てる立場のものは、ときには悪役になる度量が不可欠ではないか。善人めかして部下に嫌われないためにひとつの苦言もいえないようでは、人材は育成されない。そのときは嫌われても、後から必ず理解されるはずだ。

世の中、人がよく気の弱い善人ばかりが増えているようだが、苦言もいえないようでは、若い人がダメになるのも当然である。

◆人の振り見てわが身を正す

会社では上司や同僚部下からさえも「かわいい」と思われる原則のようなものがいろいろあると思う。

ちなみに、上司のなかに「あいつはおれより歌が下手」だから「好きだ」とかいう人がいるかもしれない。それゆえに、あまり歌がうまかったらダメかもしれない。やはり、部下や同僚、上司など社内のほか、客先に好かれる原則、法則というか、コツというか、そうしたものがある。

人間というものは、立場を超えて、好かれるヒントがある。

このことはフィールドのちがう視点から話をするとわかりやすいかもしれ

ない。

たとえば、サラリーマンに対して、「みんなに好かれる監督というのは、どこがちがうのだろう?」と聞いてみる。するとサラリーマンは、部下の立場から、よき監督を頭に思い浮かべながらよりよき姿や条件を語ってくれるのではないか。

サラリーマンは、よりよき指導者に対して、その魅力を真似しようと考えるはずだ。

しかし、実際問題として他人の魅力を真似することは意外に難しいのである。そこで逆に「嫌われている指導者の姿」を思い浮かべてみるのもいい方法である。もちろん表向きには、「悪い人に学ぶところはない」というかもしれない。それでいい。「ああ、悪い人だな、あの人。あんなことやったらいかんな」と思って見るだけでいい。「ああいうことやっちゃいけない」とか、「あんな人になってはいけない」とか、そうした悪い見本が周囲にいくらでもいるものである。

要するに、**人間は「いいことを真似するよりも、悪いことを真似しないこと」のほうがよくできるのだ。**

たとえば仕事がよくできる指導者がいるとしよう。

実は、そういう人のいいところというのはなかなか真似できないものだ。

しかし、よくできる上司のアラを探せば、実は収穫を得やすい。

部下としては、「ああいうことを平気でやるんじゃ大したことねえな」「ああいうことをする人はいかんから、おれはああいうことをせんようにしよう」という教訓になる。

世間では、これを反面教師という。真似する相手でないことがわかって、逆に、学べることがわかることがある。そうした学び方があるというのは、すばらしいことだと思う。

人のいいところを学ぶのもいい。しかし、もしいいところがないのなら、悪いところを見て逆に学ぶものを見つける。それだけで十分である。

大事なことなので繰り返すが悪いところ、すなわち人に嫌われるところを知る。これが会社などの組織で生きていくひとつの方法であると思う。

たとえば、「上の者にゴマをする」とか、「下の者に威張った態度をとる」そんなことはするなということだ。

だから「少なくとも私は人をけなすことをいわない」と考え、それを実行する。それだけで人望を得ることができる。「ゴマはすれないけど、おれは人をいじめない」ということを学べばいい。

そういう反面教師の対象になる人は確かにいる。

「上にはへらへらやって、下には冷たくいじめをやる」

これはもうどこの世界でもいるということだ。

それが反面教師であるが、そのほうが学びやすい。

◆「おれは好かれている」といううぬぼれはないか

人の悪いところを真似しない心がけはすばらしい。しかし、その悪いところが知らない間に、自分の体のなかに染み通ってしまう危険もある。**「おれは好かれている」とうぬぼれていると足をすくわれることが多い。**

もしそうなったら、老後がつまらなくなる。自覚のないまま、人から嫌われてすごすことになるからだ。そのうち、人と話ができなくなってしまう。下の者に威張っていた人は行くところがなくなる。それが定年の日から始まってしまう。

そうした人は、仮に上の人に好かれていたにしても、その上司はすでにいない。定年をすぎたら、今度は誰とでも対等に付き合うことになる。すると、相手にとってメリットがない。もはや、会社の金で何かうまいことなどできない。逆に、自分が部下に優しくしていれば、部下のほうが誘いにくる。人望があるからだ。私は、そういう老後体験を聞いたことがある。

家ではどうか。晩飯をほとんど食わないで、それこそ「飯、風呂」ぐらいしかいわないで、奥さんをいじめていたりすると、奥さんは定年になったらすぐ離婚していく。熟年離婚だ。

しかし亭主が「かあちゃん」とか何とかいいながら敬意を表していると、そんな状態にはならない。奥さんを自分より下と思わない。その気持ちは、相手にも通じる。いい人はかあちゃんを見下していない。

部下に対しても同じだ。そうすれば、会社を辞めてからも、

「またあの人と飲みたいな」

といわれる。

そして、

「先輩飲みに行きませんか」とか、

「遊びにきましたよ」とか、

「酒を一本持ってきましたよ」

といって遊びにくる。

家庭においても、

「ああ、奥さんがにこにこしながらおかずをつくってくれて、ああ、こうして訪ねてくるのも在職中の関係がよかったからだな」

ということになる。

そして今度ご招待ということになって、お返しがきたりする。心がけが悪いとそれがなくなる。

会社での仕事は、組織内の立場だけで考えると、相手から厳しく復讐されることになる。

組織のなかにあって、あくまで人間として振る舞うことが重要だと思う。いっさいの人間関係のちょうつがいがはずれないようにしないといけない。

私は、会社の人事は、難しく考える必要はないと考えている。だから人間として自然にふるまうべきと、私はいつも話をしている。そうした話をすることによって救われる人がいたらいいと思う。もし、若いときからそういうことを知っていれば、一生不幸にならないはずだ。

私は「おれは不幸だ」と思ったことはない。見方を変えれば自分は不幸ではないと思っている。不幸ではないと思うことが正しい。

不幸と思って自分を哀れんでいる人は、救いがない。

私は講演で、

「不幸と思う人、いますか」

と聞いてみる。

すると、

「私らそんなこと思ったことはないですよ」

という答えが返ってくる。

そうすると私は「ああ、偉いですね」という。

実際は、不幸と思う人はいる。なかには、

「上司にどこかに連れていってもらえない。それが不幸だ」

という人さえいる。欲求不満がたまっているのか、要するに、

「おれは上に評価されてない」

というわけだ。

そうした人は、

「上司から評価されてないな、どうもな。いつまでたってもこんなところに置かれるのはそうかな」

という。

そういう人は思っていることが顔に出たりする。そうすると、

「あいつと酒飲むのいやだな」

と思われてしまう。

言葉も同じで、これも表情とリンクしている。丁寧にものを話したとしても、そうした心がぱっと出ないとダメである。

◆人員配置は「適材適所で……」の意味は

会社では、よく「適材適所」といわれる。われわれは、この言葉を安易によく使う。人員配置というのは、実は、野球の場合とほぼ同じようなパターンになっていることが多い。

監督は、選手の行動を見て、

「あれはちょっとまずいな」と、すぐわかる。

それは、監督が選手起用についてきわめて敏感だからだ。それは会社の経営者と同じで、その要点は「適材適所」ということになる。いうまでもなく人員の配置がうまければ成功の確率が高くなる。

「適材適所」という言葉は、建築に使う木材の用語である。

建物のうち、どの部分に木材のどの部分を使うか、それが適材適所のもともとの意味である。

たとえば、木には節《ふし》がある。節のあるところは強い。そういう部材は、建物のどこに使うのか。それは、いちばん日当たりの悪いところに使う。具体的には、柱と梁《はり》が重なる木組みがその典型である。

木組みのような部分は、木材と木材が複雑にかみあっている。そうした部分は通気が悪く、日当たりも悪いから、不利な条件に耐えられる材料が求められる。そこに節の多い木材を使うと強い建物ができる。

節の多い木材は、お寺とか神社などの重要部分に使われているが、それは、適材適所としてきわめて重要な役目を果たしているからだ。

こうした不遇に耐えられる木材は木材のなかでも、それほど多くはない。人材でも同じことがいえる。人と木材を一緒にするのは不適切であるかもしれないが、不遇に耐えて難しい仕事を達成する人材は非常に少ない。そのうえ地味で目立たず要領も悪いタイプが多いから、上司の目につきにくい。

そうした人材はきわめて貴重なのだ。指導者たるもの、決して見落とさないでほしい。

◆京都に伝わる「お亀さん」の話

ここで、別の角度から適材適所の意味を考えてみたい。

たとえば、関西とりわけ京都などでは、建物を新築して、棟上げしたときに、お亀さんのお面を飾る習慣がある。ご存知だろうか。

地方によってお亀さんの形は、さまざまだが、ヤツデの葉にお亀の面をくっつけたりして飾る。もちろん、おまじないである。

発祥の地は、京都である。それを記念したいわく付きのお寺がある。そのお寺は、応仁の乱のときの、東西両軍の境界に位置していた。今でも、当時の武士が射た矢が刺さった跡が残っている。

ちなみにお寺の名は「大報恩寺《だいほうおんじ》」という。真言宗智山派に属し、本尊は釈迦如来だ。地元では、一般に千本釈迦堂と呼ばれている。創建は鎌倉時代初期。義空（藤原秀衡《ふじわらのひでひら》の孫）という僧の手で創建されたとされる。

昔からこの寺には、「お亀の話」という逸話が伝わっている。かつて、お寺の本堂を建てる際に、高次という大工の棟梁が柱の寸法をまちがえて切ってしまったという。

それを見た棟梁の妻「お亀」が「枡組」という技法を使ったらどうかと進言したという。このおかげで本堂は無事に完成できたらしい。

しかし、お亀は女の知恵で大任を果たしたことが知れてはまずいと考えて自害したという。これを見た棟梁はお亀の冥福を祈って、内緒で「宝篋印塔（おかめ塚）」を建てたという。そして、この塚にお亀の顔をかたどったお面を飾った。後にこれが知られて、大工たちの信仰を得た。

哀れで悲しい逸話であるが、以来、お亀の面は、厄除《やくよけ》と招福のお守りとしてあがめられ、今に至っているそうである。

私は、京都に行くたびに、このお寺にお参りする。

おそらく、**これは大きな事業を達成するための犠牲を象徴的に伝えた逸話とされているように感じる。**

不遇に耐えたり、犠牲になる人材について、それに目を向ける姿勢がいつの時代にも必要だと私は思う。

私が京都に行ったときに、必ず運転をしてくれる運転手さんがいる。市内をずっと回ってくれる。その人から聞いて、そのお寺に何遍も行っている。お亀さんが飾ってあってそれを拝む。

お亀さんの話を聞いて考えたことは、人の世界には、犠牲になって死んでいった人がいるということであり、さまざまなことを連想させていろいろ考えさせられることが多いことである。

野球でも、仕事でも、同じようなことがいえる。

たとえば、仕事では、適材適所がうまくいかない場合、いろいろな人の能力が犠牲になる。たとえば技術論がしっかりしていないで、プロジェクトがうまくいかないことがある。もちろん野球でも同じで、ゲームを犠牲にすることが多い。

そうした場合、誰がいちばん悪かったのかが問題になる。なぜ失敗するような愚かな方法を採用したのかということになるが、それは、指導者が悪いからか、それともスタッフ個人の能力に問題があったのか、大いに気になる。この点は、以後の失敗を防ぐためにも、もっともっと追究されていいと思う。

◆指導者と部下……痛いなら痛いといえる関係がいい

仕事がうまくいかない場合は、指導者が適材適所の人員配置に失敗したからだろう。少なくともこれが原因のひとつだ。

一方、個人の能力に問題があるのなら、その人を起用した指導者の任命責任が問われるかもしれない。

いずれにしても人の上に立つ人に多くの責任があると思う。

私は、日本は、指導者に恵まれていないと思う。だから、日本における組織のマネジメントを考えるうえで、指導者の問題は、もっと研究されていいと思っている。

指導者の条件は、お互いにはっきりいい合うことが大前提になると考える。下のものが指導者の顔色をうかがって遠慮するといったことがあればいい結果にはつながらない。

たとえば、野球の場合、選手がもし身体に故障があったとして、それに監督が気づかなければ、お互いに疎遠な関係になる。

一方、そういう選手の状態がわかって指導している監督は、選手生命を壊さないように配慮する。すなわち監督（指導者）は選手の欠点をカバーして、その選手のいい点を伸ばすようにする。この配慮は、自ずと相手に伝わって、選手の意欲を刺激する。

身体の故障や怪我の例でいえば、多くの選手は監督に遠慮して痛いのに我慢する。痛いときに「痛い」と率直にいう関係が日本にはなかなか見られない。監督は、多少の痛みは「我慢しろ」という。

しかし、**私は、痛みの程度を見抜く力がなかったら、指導者になれないと思う。**その感度がなかったとしたら、指導者になれるどころか人間でないと思う。

会社でも、社員がいやいや仕事をやっているのに、理解できない社長がかなり多い。会社の場合、単に痛みの問題ではなく、心理的な悩みなどのほうが実際は多い。

そのひとつが適材適所がうまく機能していない場合だ。たとえば、営業向きではない社員なのに営業を無理やりやらせることが多い。そういうケースでは、その社員本人に大きなストレスを与えるだけでなく、結果として会社にまで損害を与えかねない。

誰にでも、得意なものがあるはずであるから、指導者はそれを見抜くほうが賢く対応できる。くどいようだが上司は、営業よりも技術の研究が好きだとか、そういう人がいることを見逃すなといいたい。

ポイントはやはりそれを対話で引き出すことにある。部下を持ったら、「あなたは、どういう方面の仕事が好きなんですか」と聞いてみる。本人の適性を慎重に見極めたうえで、適正な職域について、教育や業務指導を行なう配慮が必要だ。そして、本人の意欲が上向いてきた段階で、能力を発揮しやすい部署、得意の分野の業務に回す。そうすればその部下が会社の利益向上に貢献することになる。

私は、指導者と部下をすべて上意下達の関係ではなく、時にはお互いにいいたいことをいいあう関係になることが必要だと考える。

◆声だけの電話の言葉に要注意

私は表情や身ぶりをともなわない電話で何かを伝えることは危険がともなうと考えている。電話では、普通に話しても、「へらへらしている」と聞こえるときがあるからである。ビジネスでは特に注意が必要だ。電話での会話で注意すべき点は、まず顔が見えない、表情が見えないということを念頭において話すことが大切な要素だ。

顔が見えない。だから声が大切だ。笑いを入れて雰囲気をよくする方法もある。

ひとつは「笑い声で何かを伝える工夫」をする。

もうひとつは、「切るときの最後の言葉」だ。

たとえば、

「これから暑くなるから、ビールを飲みすぎないようにね」

といってみたり、いろいろいってみる。

また、「じゃあ、じゃあ、ビールでも飲みすぎて腹壊さないようにしようね」

といいながら、

「今度飲むか」

と一言、つけ加えたらいい。

最後の一言が人間関係につながる工夫だ。

「おまえ、腹壊すなよ。今度、飲もうか」

といっただけで、ずっと誘いを待っている人もいる。こういったら余韻が残るからだ。

一方で、

「今晩、空いてるか」

といわれる場合は、注意しないといけない。それはなぜか。

何か問題があるからだ。問題があるから「今晩、空いてるか」と聞かれるわけである。

「ちょっと飲みながら話すか」

といって、強い酒をどんどんつぐ……。

サラリーマンでは、よくある場面だ。

いつもそうした状況を想定しながら話をする必要がある。これは、今も昔も変わらない。今の若い子も、そういう世界で生きているということだ。問題は、本人がそれを強い感度で感じるかどうかにある。若い人のなかにはそれを感じない人も多い。問題があることも気がつかない。

だから、私はよく皮肉交じりに若い人をからかう。それも笑いながらいう。そうすると、冗談だと受けとれる。いわれた若い人は、いくら感度が鈍くても「注意しよう」と思うのではないか。

そうした伏線があれば、注意された人とまわりの人の間に気まずい雰囲気は生まれないのではないかと思う。

なにしろ自分に問題があると本人がわかっている。

「おれのこといってる」

と自分でも思っている。

そうなれば、問題の半分は解決している。

◆遊びとセンス……「くだらない」ことからお互いの心を開く

よく耳にすることだが世の中には「くだらんこと」をやる人やいう人がいる。

「くだらんこと」というのは、人に迷惑をあまりかけない、実害がないというこことかもしれない。**私は、そうした「くだらんこと」のなかに、すごく「いいヒント」が入っていると思う。**

普通は「くだらないこと」は無視されてしまう場合が多い。気がつかない小さなことだが、無視するというのは、意図的にする場合がある。逆にいえば、実は、その気になれば、簡単に気がつくことができる。

気がついているが他のことにまぎれて頭からするっと抜けてしまう。それでもくだらんことといっているなかに神髄を見つける人がいる。それは偉い人だ。

そうした「偉人」は、普段の様子からは真の姿が見えない。こうした人を指導者である社長は見逃してはいけないと思う。

私はいろいろな人に会って、「この人はまじめだなー」と思う人がいる。「この人はいつ遊ぶんだろう」と思うのだ。

そのときに、

「社長は、今日はきまじめなお話ばかりしてますけど、遊ぶことはしないのですか」

と聞く。

そうすると、

「たまには遊びますよ」

あるいは、

「いや、遊び、私大好きですよ」

となることもある。

そうなったら、

「じゃあ、今度連れていってくださいよ」

という話になる。いわばそうした「くだらん」遊びのなかにその人のすばらしさが入っていると思う。

そこで、

「飯食いましょう」などと話がはずんで飯を食いにいく。もしワインが好きなら「最初に何お飲みになります？ ワインなんかお好きですか」「ああ、ワイン好きですよ」と話がすすんでワインについて蘊蓄《うんちく》を語る。

そうなったらシメたもの。

「じゃあ、私もお付き合いさせていただきます」

となる。

それで、ぱらぱらとメニューを見てワインを頼んだりすると、

「あの人はワインに詳しいな」

と一目おかれるようになる。それは、それはさりげなくいっているわけだが、

それが逆に詳しい一面を相手に印象づけるのだ。

するとまわりの人は、

「まいったな。うっかりしたことはいわれんな」

と思う。ワインの話から「遊び」のセンスを見直すことになる。

そうした人は、おそらくいくらでも遊びの幅を持っている。

そうなったら、「社長はそんな話ばっかりして、コッチのほうはあれですか。まったくまじめなんですか」「いや、若いときはね……」

などと思わせぶりのエッチな会話が始まる。

実は、そこに人間の本質があって、素直な自分を出さないと心は開かれないし通じない場合がある。自分の本質というか、本質をぱっとさらけ出す「時」「ところ」が大事になる。とりわけ初対面の人に心を開かせる方法として遊びは大きな役割を果たしている。

それが「酒」だったり「カラオケ」だったりする。そのほかにもいろいろあるかもしれない。一昔前ならば、金持ちの旦那衆は、豪勢な「芸者遊び」

をしただろう。

いうまでもなく、これは男だけが楽しむ遊びだから、今では問題があるかもしれない。しかし調子に乗って、「またやろうね」といって別れる。

私は、遊びには詳しくないが、食べものには詳しい。何が美味くて何がまずいかとか、そういうものには、一家言ある。

食べもの、飲みものなどの嗜好には、その人の生活が見える。

私は、自分でいうのも変だけれど、趣味は幅広い。幸い取材で全国に行く機会が多い。あのへんに行くとあれが美味いとか、これが美味いというところを知っている。だから、そういう自慢話にはこと欠かない。

「この間あの店に行って、逸品のカニを食ってきた」

「うわ、いいいな」

なんていう会話が多い。

自分のことはさておき、日ごろ、感じているのは、一流になる人は絶対に美味いものが好きということだ。だから「食感」のない人で「すごいな」と思う人に出会ったことがない。美味いものに詳しい人は絶対偉くなると思う。まちがいない。客と接するときに、商売するときに、「飯でも……」となる。成功のカギは美味で相手の心をつかむことである。

そのときに一流のところを知っていると、その人は、一目置かれて好かれる。

出世する人は、美味いもの、美味を感じる舌を持っている。これは、まちがいない。その世界でやれる最高を知ればもっといい。だから、たとえば居酒屋なら、いちばんあそこがうまいものを食わせる居酒屋だと自信をもっていえる。

「私が行く店はこういう店ですけど、付き合ってもらえますか。私にできるのはこれぐらいですから」

というような具合に……。

ちゃんとその世界、自分が背伸びしない世界をしっかりと持っている人が出世する。さらに、表に出さなくても、自分のなかでは、「もうひとつグレードの高いのはあそこだぞ」ということを知っている人だ。

「最高っていうのはもっと上があるだろう」ということで、たとえば、

「吉兆なんかは行ったことないよな」

と自分の限度を知っている。

それで、

「金でももうけたら吉兆で人におごってやりたいな」

となる。だから、

「今のおれはAという居酒屋で人を接待するのがやっとだ」

とコントロールする。

そして「今は、赤ちょうちんでやっとだ」と考える。そして、

「あそこの居酒屋の何とかがものすごくうまいですから」

と誘う。


高級か否かは、センスの問題である。

私は、日本でいちばん材料がよくて、美味い回転寿司店を知っている。そ

れは、函館にある。その店の社長は、「海鮮市場」という店の社長である。その人が何百人も入る回転寿司店を経営していて、美味いものを食べさせてくれる。

以前、大型客船の「飛鳥Ⅱ」で博多から函館まで稲尾と私、船のなかで2回トークショーをやった。函館で降りて、タラップを降りて、その「海鮮市場」に連れていった。稲尾に朝から食わした。稲尾は漁師の家で生まれて、食通だ。その彼でも絶対食べられないようなものばかり出す。稲尾は十分に満足していた。

そういう店を知っているということは、話の種になる。食通の友達が何人か集まっていると、函館の話をする。すぐに「行こう」ということになる。「連れてって」っていうことになる。すると、本当に連れていかなければならなくなる。それで、連れていったら、その後みんな夫婦で行くようになった。

食を知ると、地方を知るわけだ。さらに食を通して人の心が解ける。それは大きな遊びだ。

◆方言・出身地方の効用を考えてみれば

人の心を解くために、言葉は大きな役目を果たす。そのひとつが方言である。

普段、われわれは方言に鈍感になっている。しかし、地方に行けば方言はどこでも使う。方言をひとつ、ふたつ知っているだけで心が通じる。イントネーションも使える。イントネーションを使って話すと、まったく雰囲気がちがう。

たとえば、北海道では、

「ごちそうさま、いつもすみませんね」

というと、

「なんも、なんも」

という答えが返ってくる。

この一言で、仲よくなれる。「なんも、なんも」の言葉を覚えていればいい。文章では、音声を表現できないけれども、イントネーションで心が解ける。

以前、指揮者として著名な小澤征爾氏がドイツのフィルハーモニーを指揮しているころに、ドイツで仕事をしているときは全部ドイツ語で考えたらしい。これはすごい。「さすがマエストロだな」と思った。だから、博多へきていちばん先にやったことは、博多弁を覚えることだった。

要するに、**博多で生きている間は、博多弁で考えるためである。**

その習慣が今でも続いている。「いかんばい」とか「こんなことやっとったらいかんばい」といいながら頭で考える。

そういうと博多の人に好かれる。

「博多弁で考える」というのは、博多弁を使うということもひとつの手といえる。博多弁ならば、大体、九州では通じる。そのメリットは、ある県の特徴のある言葉を知っているだけで、九州とか四国とか中国とか大阪とか東北とか東京とか、多くの地域で通じることだ。

不思議なもので、私は、大阪に行くと、大阪弁で話している。無意識で話している。

「これはええなー」

とかいったら、

「そやろー」

と相手が乗ってくる。

これで、会話が弾む。こういう生き方を覚えると楽である。私は、不器用だからこうしたセンスを身につけるのに何十年もかかった。方言は単に調子をよくするということとはちがう。その土地の人の気持ちに入っていくことである。

方言で、何となくあいさつぐらいはできたり、一部は知っていても、わからない部分がある。イントネーションがちがうというより何かがちがう。まったく言語がちがうというか、呼び方がちがうとか、わからない言葉やイントネーションがいっぱいある。これは心得ておく必要がある。

方言は、江戸時代、自分の藩の内情を知られないために、わざと言葉を難しくしたとかいう説もある。鹿児島弁もそのひとつだ。この間、鹿児島で五〇〇〜六〇〇人の人を相手に講演したとき、いちばん最初に、

「茨城県人は鹿児島県の人には恨みがありますぞ」

といった。

こういって話を始めたわけだが、続いて、

「何たって、幕末に『井伊大老をやろうぜ』といって、水戸浪士と薩摩藩士が組んだのに、いざ当日、薩摩のやつは腰抜けだから逃げていった」

と、半ば冗談めかしていったのである。

そのときの反応は、まったく意外にも聴衆がワッと笑ったのだ。

「根に持っとる」といったがずっと昔の人が根に持った話で、現代の私らに関係のない話だ。それでも率直な言葉が心を開いたのである。イントネーションへの配慮が心を解かした一例である。

ちなみに井伊大老を討った水戸浪士が薩摩藩に逃げてきたとき、薩摩では、言葉が違う世界に入れようとしなかったので、水戸浪士は関所で追い返された。それであっちこっち逃げ回って、最後は幕府の役人に殺された。

その後、私は、

「実はずっと根に持ってたなんていうのはまったくのうそで、本当は鹿児島に大恩人がいる。それは、柔道世界初代チャンピオンの吉松義彦さんです。この人にはいいものを習いました」といったのだ。

そうしたらみんな真剣に聞いてくれた。だから、歴史上の出来事は、事実のなかでそれなりの意味がある。それを忘れずに自分のなかに保存しておいて、そういう人たちと仲よくするチャンスをつくればいいのである。

昔、名古屋で江藤慎一に連れられて飲み屋に行った。江藤は、中日のスラッガーだった。そこに彦根の人がいて、彦根は井伊直弼《なおすけ》だから……。

「おれは彦根や、水戸のやつは許せん」

と始まった。

そういうときにどうしたらいいかというと謝ってしまうことだ。

「いやー、うちの県の先祖がね、いやー……、悪いことして、すんません。どうしたらいいでしょうか」

といったら、笑うしかない。

そのときは、佐川さんという元市長がいた。その場の雰囲気は妙に硬かったが、この人が、

「いいなあ、いいなあ、先祖のそういう怨念をここで解決しようなんて、これは今の時代にはおしゃれで最高だね」

といった。すると彦根の人が喜んで、

「ここにはもうそんな変なのはいないから、ゆっくり遊んで帰っていってください」

と答えて、心が打ち解けた。

地方に行って、何気なく歴史上の出来事を知っているということが大いに心の交流に役立つのである。

昔のことを知るためには、歴史書を読むしかない。

私は、それほどの読書家ではないが一冊の連続小説をしっかり読む。『徳川家康』あるいは『宮本武蔵』でもいい。

そうした歴史小説を読んで、「ああいう人に会いたい」とか、「ああいうふうになりたい」とか思い浮かべる。

私は、『三国志』を読んでいて、その途中で作中人物を三原監督に置き換えた。たとえば諸葛孔明を三原氏に置き換えた。そうすると、似たところがある。「ああ、生きた諸葛孔明に会っているんだな」と思ったりすると、自分の心が打ち解けて、人生がばら色になる。

第4章

意欲ある生き方を応援する

◆簡単な一言が言葉の壁を越える

日本人選手が大リーグで活躍している。

阪神からヤンキースに移籍した井川が、

「タイガース（阪神）にきた外国人選手の気持ちがわかった」

と弱音をもらした。

これは意外に大きい問題だ。

メジャーキャンプでの初めての体験は勝手を知らないという以上に、言葉の壁が大きく立ちふさがっている。異国での孤独感もあることだろう。ただでさえ不安を感じる場面だ。

そのうえ、キャンプでの練習の手順を説明されても、何をいっているのか、その場でわからず戸惑う毎日だ。

若いから時間がたてば言葉を覚え慣れてきてチームメートとの心の壁も外れ懐に飛び込めるだろう。チームメートもそれをきっと期待している。

私の知る選手でいえば、かつて西鉄にオニールというアメリカ人選手がいた。オニールは、日本の基地にいた兵隊さんだったが、野球が得意でテストを受けて西鉄に入団した。得意球はナックルボールで、ピッチャーとして有能だったように思う。

彼は、日本語がわからず、チームに専属の通訳もいなかった。井川のように、否それ以上に、右も左もわからず不安を感じていたはずだ。おそらく寂しい思いをしていたにちがいない。

その彼が、なぜか私を頼ってきた。私は片言の英語を使ったが、それも怪しいもので、お互いの意思疎通に苦労した思い出がある。彼の故郷の「ネブラスカ」という語ひとつを発音するにも苦労した。ちなみに、正式な発音は、「ネブラースカ」で、「ラ」にアクセントをおく。

あるとき、遠征のときに、彼は困った表情をした。彼には同居している日本人女性がいたが、信用できず、金目のものは身につけて持ち歩いているとのことだった。

大阪から名古屋に移動するとき、駅のホームでオニールが、

「ワタシノバッグ、サヨナラ！！」

と大声を上げた。

要するに「置き引き」にあって盗まれたということだった。

このピンチに彼の孤独感はさらに深まったらしい。私はいっそう面倒を見ることになった。そのうちに「ダメ」とかいくつかの言葉を覚えて、意思疎通ができるようになった。

言葉は小学生レベルでもいい。簡単素朴な一言から、言葉の壁が越えられるようになる。

何より大事なのは、何かを伝えたいという気持ちだ。それさえあれば、言葉の壁は次々に越えられるようになる。

仕事で外国人とのコミュニケーションが頻繁になっている。外国語に精通

しているに越したことはないが、そのときの重大なポイントは「相手に何かを伝えたいという気持ち」である。それは、誰もが手に入れることができる「世界共通」の意思交換法だ。

◆「給料分働く」ということ

ご承知のように、社会では、定職をもたないフリーターが増えているという。三〇歳を超してもフリーターという人が多いのは、ご本人の将来のみならず、社会そのものの安定度を損なう危険性があると思う。

会社では正社員が少なくなってパートが多くなっているという話も耳にする。実際の業務では正社員以上に頼られているパート従業員の給与が正社員より安いという話も聞こえてくる。

仕事で給料分働いているのかといわれて自信を持って「働いている」と答

えられる人は何人いるだろうか。これは自他共に判断が難しい問題といっていい。これはプロ野球の世界でも同じである。

中村紀洋という選手がいる。彼は、オリックス時代に年俸二億円(推定)だった。その後一転して中日の育成選手として再出発したが、その額は、オリックス時代からみれば、それこそ雀の涙だろう。

本人は、野球ができればいいと謙虚に語っていた。しかし、オリックス時代の二億円という「給料」は、選手、球団とも判断をしかねた金額かもしれないと思う。

一方、一般の人の感覚はどうか。大減俸となった中村は、これでは税金も払えないといった。前の年に二億円ももらった高給取りがなぜ……？　という感想が実感だろう。

人間の金銭感覚というのは、金額の多寡とは無関係らしい。高給なら一部を貯金しておけば、何かあっても困らないではないかと考える。しかし、多くの野球選手は、貯金するような人はいないようだ。仕事（野球）と遊び（金を使う）の両方に熱心な人が選手として大成する例も多い。多くの選手が借金しても遊びたいと思っている気持にはそうした背景があるのだろう。

球団によっては、選手の常識を信じていない場合が多いという。だから先を見越して税金を天引きしている。

私も若いころはご多分にもれず、金銭感覚は甘かった。「給料分働く」ことは意識していたけれども、一方で球団まかせの部分が多かった。給料に見合う責任を意識するようになったのは、西鉄から国鉄に移って、自分で税金などの処理をするようになってからだ。

そのころ、プロ野球選手の必要経費控除は年俸の20％もあることを知って驚いた記憶がある。極端ないい方をすれば、打者としては年俸の20％分もバットを折ることはないから、ありがたいと思ったものである。それまで知らなかったのだからプロ野球選手とはそれほど浮世離れしていたということだ。今の選手はその点、どうだろうか。経験を積んだ選手ならば、十分心得ているることだろう。

サラリーマンの方々は、給与分働くために日夜奮闘している。目標達成のために努力する。なかなか難しいことだと思うが、最近では、自己の能力評価を会社に一任しないケースも多いらしい。**自分の値打ちを自分で評価することはきわめて重要だ。**

前出の中村は、年俸四〇〇〇万円で再出発した。その後一軍に昇格してしかも開幕戦で殊勲打を放つという快挙を見せてくれた。二億円から四〇〇〇万円。今までに見られなかったケースなので野球選手の契約について考えるいい機会をもたらしてくれるかもしれない。

会社員の場合と野球選手とは立場も制度もちがうが、仕事に対する姿勢が他人任せではなく、自己管理に移行させる姿勢が求められることに変わりはない。

そのためにも年齢、人にかかわりなく（若くても）、自己の能力評価を自分でもできるようにしておく準備を普段からしておくことが大事だ。

◆国際舞台での方針のブレがひどくはないか

平成一八年（２００６年）王貞治監督のもとで、ワールド・ベースボール・クラシック（ＷＢＣ）に優勝した。大いに喜ばしいことである。

日本選手の実力はすでに多くが大リーグでも通用する。もはや野球は日本の国技のひとつといっていいかもしれない。それならば、私としていいたいことがある。

以前、アテネ・オリンピックの日本代表選手の選出にあたって、中日の落合監督が異議を申し立てたらしい。というのは、日本チームを率いる長嶋監督がプロ野球各球団から２人までという枠をはずして、いい選手なら何人でも出してほしいとの意向を示したからだ。

落合監督は、

「各球団平等でなければ中日から選手は出さない」

と明言した。

長嶋には巨人監督時代、出来合いの大物選手を揃えて安心していた癖がでたのだろうかとも思いたくなる。落合監督はさらに、

「日本のプロ野球は、オリンピックでの優勝を目標としているわけではない」

との主旨を伝えた。

かつて渡辺巨人軍オーナーは、

「野球協約には、世界選手権を争うと書いてあるが、オリンピックとは書かれていない」

と語っている。

この発言は、平成一一年（1999年）のシドニーオリンピックへのプロ野球の協力体制を話し合ったときの渡辺オーナーの発言だ。しかし、同オーナーは、アテネオリンピックで変節したのだろうか。落合監督の言葉は、この変節への皮肉といってもいいと思う。

さらに、長嶋監督が巨人の終身名誉監督でありながら、日本チームの監督の地位にいることである。これは公私混同ではないかと批判されても文句はいえない。さらにいえば、オリンピック期間中、ペナントレースを中断しなければならない。これを中断してペナントレースに水をさきないような配慮がいっさいなされていないことだ。これでは、野球の「総動員体制」を助長するものでしかない。

プロのペナントレースの人気や緊張は、少数のトップスターの存在に負っている。だから途中でトップスターが休むことは大きなデメリットになる。これを長嶋監督はご承知だったのだろうか。今後のこともあるので、苦言を呈してみたしだいだ。

◆スポーツも国際舞台で弱いか

私はWBCの日本チームのアドバイザーとして、アジア各国の関係者と交わった経験がある。

そこでの経験でいうと国際舞台においては日本よりも韓国の方が対応や言辞において優れている。名実ともに日本の方が上手と考えてうぬぼれていると、とんだ勘ちがいをしてしまうことになる。

その証拠がある。

以前、WBCで日本チームは韓国チームに敗れた。その大会の前に、韓国チームの責任ある関係者が、

「日本は強い。韓国としては対台湾戦に全力を尽くしてアジア2位を確保することにする」

といった。

韓国としては、日本がこの言葉のワナにかかることを見越して作戦を練っていたと思えなくもない。

私は、大会の直前に福岡で練習していた韓国チームを視察した。日本の首脳陣は韓国チームのことは研究ずみとして、この練習を視察していなかったらしい。私は、直感的に嫌な予感がした。

韓国チームの意図がどこにあったのか、予想の域をでないが、日本チームに油断が生じていた。結果論にしかすぎないといっても、これは今後のために覚えておいていいだろう。

そのとき日本は「消化試合の一敗」にすぎないと軽く見ていたのではないか。しかしこの一敗は、無視できない問題を残していた。というのは、ロッテの渡辺投手が韓国戦で３つの死球を与えたのだ。ボールがすっぽ抜けたからだという。

これは、国際試合で使用するボールと国内のプロ野球で使うボールがちがうことがそもそもの原因らしい。細かくいえば、プロ野球のボールは上質で手に吸い付いて滑らない。国際試合で使うボールは、そうしたボールを使わず、滑りやすいボールを使う。だからすっぽ抜けてしまった。

日本チームがボールの国際規格でゲームに負けたというのは、野球の基本情報に疎《うと》いことになり、あまりにも間が抜けている。一方で韓国チームの前出の言辞を日本チームの首脳部が信じて、そのための油断のために負けたとすれば、おだてに引っかかったことになる。

とかく外交に弱い日本の体質がスポーツ界にも波及して、ゲームではなく外交で負けたということがあるとすれば大問題だ。そんな心配をするのは私だけではないはずだ。

◆「必要な悪」の一方で「不要な善」はないのか

今さらいうこともないが、世の中には「やっていいこと」と「やってはいけないこと」がある。

以前、西武球団の裏金問題がエスカレートして高校の特待生制度にまで波及した。高校野球の名門で甲子園大会の常連のような存在だった東北高校が春の地区大会出場を辞退したのは、ついこの間のような気がする。

金銭にまつわる不届きな話については、その多くが社会的な批判を受けている。私としては、その批判には納得できる部分が多い。しかし、高校野球の特待生制度についてはどうだろうか。

野球の名門高校へのいわゆる「野球留学」に関しては、今や関係者の間では公然の秘密だ。高校野球のプロ化が進むなか、特待生制度は半ば当然の流れとして知っていたはずである。

それがいけないことだというのなら、それを知っていながら野放しにしてきた関係者の姿勢こそ問題にされなければならないと改めて思う。

これは、以前書いたことだが、**世の中には、「必要な悪」というものがある。その一方で「不要の善」というものもあるのではないかと思う。**

高校野球でいえば、アマチュアリズムを振りかざして、金銭がらみの特待生制度などをバッシングするのは、どこかに見当違いの面があるのではないかと思う。これこそ「不要の善」ではないのかと感じる。

世の中に潤滑油が必要だというつもりはさらさらないが、バッシングの再燃は、ゴメンこうむりたいものだ。

鬼の首をとったかのような倫理を振りかざした社会的な感覚の蔓延は、世の中をギスギスさせてしまう。車の運転には遊びハンドルが必要だということだが、世の中にも、許容できる範囲の遊びハンドルがあってもいいのではないか。

長年、野球にかかわってきた者としていわせていただくなら、プロとアマチュアとの関係は、本来、金銭ではなく、プロの選手になったらすごい活躍をするにちがいないとその才能に惚れ込むことから始まる。これは野球に精通した専門家の純粋な気持ちでもある。

私も少年野球を指導してきた経験があるから、そうした有望な子どもの将来に何か役立つことができないかと思う。

しかし、先の特待生制度への批判で、野球に携わる人々の熱《あつ》い思いが冷めてしまうのは何としても避けたい。こう思うのは私だけではあるまい。もし、高校の特待生制度に問題があるのなら、それをいっさい廃止して堂々と受けとれる奨学金制度の創設を考えてほしい。もちろんプロや社会人になったら無理のない形で返済する制度とすればいい。

あの騒ぎの後に、何か適正な制度の創設が検討されているのだろうか。マスコミから注目すべきニュースがあまり聞こえてこないが、気になるところである。

こうした問題は、一時的な話題に終わらせてはならない。あの騒ぎ以後、報道が下火になったようだが、喉元《のど》すぎれば熱さを忘れる姿勢は絶対いけない。何も解決していないことになるからだ。

会社でも、仕事のうえで必要な悪がある。これは皆さん、ご承知のとおりだ。しかし、会社も組織であるから、今までの慣習が改革されず、「不要の善」というものも多いのではないかと思う。

従来の規定を正しいとして、守ればいいという頭の固い不要な正義感が生きた人間を困らせないようにする配慮がいるのではないか。

もし新しい制度が日の目を見れば、本当の意味の「必要な善」が実現すると考えるが、いかがだろうか。

◆「味のわかる人」との出会いは……

昭和三八年（１９６３年）ホテルオークラの菓子部門のシェフとしてアンドレ氏が来日した。この人は、フランス料理を広めた名料理人としても知られている。ご本人はすでに他界されたが、その夫人が次のようなことをいっていた。

専門がフランス料理でも、和食でも中華でも、この達人は、「自分の分野の皿の上のもののようにとらえて、その技量をはかっていた」という。

「皿の上」という表現は、いわゆる言葉のアヤだろう。ちがう分野の料理人を同じ職人として認めたということか。対抗意識もなく、やっかみもない。ひたすら「味」を基準にして、他の分野の世界を観察できる目をもっていたということだと思う。

アンドレ氏の夫人は、夫が亡くなった後、店のケーキの味が変わったと思って職人に質問したらしい。すると職人が塩を海から取れた塩から岩塩に変えたことがわかったという。夫人は実に微妙な味の変化を見逃さなかったということである。

料理の世界にかぎらず、俗に「目利きが目利きを見る」という。そんなプロ同士の関係が野球界から失われているのではないか。野球選手の評価にしても、冷静な評価が少なくなったように感じる。

たとえば、かつて阪神の鳥谷という選手は、チームの首脳陣のほかマスコミが「有望新人」「レギュラー定着、新人王」と太鼓判を押していた。球団の首脳陣は、競争意識を煽《あお》ろうとしていたのか、あるいは、マスコミにとっては数少ないヒーローとして見出しを飾れる選手にはちがいない。

しかし、昔は選手の評価はもっと冷静だったように思う。新人がオープン戦でどんなに活躍しても、大げさに騒がなかった。また、練習にすぎない試合と公式戦のちがいを厳密に分けていて、練習試合の活躍を評価する甘口の野球評論家は、少数派だった。ベテラン記者ならなおさら見る目が厳しかったと思う。私もそうした辛口の評価のほうを買っていた。

それが今では、ユニフォームを泥まみれにした派手なプレーをすれば、それだけでファインプレーともてはやされる。しかし、かつては、激しいプレーをしてもユニフォームを汚さない美技を評価するセンスが尊重された。また野手にしても、さりげなく守備位置を変えてヒットを凡打に討ち取ってしまうプレーを見分けるファンが少なくなかった。少なくとも、そうした野球談義が行なわれていた。

私は、俗にいう薀蓄《うんちく》は好まない。しかし、物（商品たとえば料理）や人間の評価に関しては、誰でもがわかるような素人の軽口を好まない。

誰でもが、

「ああ、そうだったのか！！」

という新しい発見がある玄人《くろうと》の理解ができるといいと思うが、どうだろうか。

◆眼光そして「昔顔」から想像すること

野球についての定義はいろいろあるが、私は、

「野球は、顔でやるものだ」

と考えている。

そう考えたのは、だいぶ前のことだった。

昭和二八年（1953年）のオープン戦で巨人と対戦したとき、一塁に出塁した私は、川上哲治氏（当時・一塁手）に「こんにちは」とあいさつした。なにしろ相手は、野球の神様といわれてもおかしくない存在。緊張していた。

しかし、川上氏は無言で、ジロリと一瞥しただけだった。その眼光は、震え上がるほど鋭く、まるで昔の剣豪のようだった。あの顔で睨《にら》まれたら、ピッチャーもすくみ上がるだろうと思った。

それ以来、私は、相手の頭にちょんまげを乗せた様子が似合う「昔顔」かどうかを想像して選手としての器を判断してきた。

妙な癖だが、たとえば、

「別所さんはちょんまげが似合うぞ。なるほどな」

などと勝手に納得し、確信を深めたものだった。

以来、野球は「昔顔」にかぎると考えてきた。

私は、骨相学には疎いが、近ごろの若者はあごがすっきりと細めで、目がぱっちりしている傾向があるようだ。いわゆるイケメンだ。それに対して、エラがはって目が細いゴツイ顔の「昔顔」が多かった。たとえば、中西太氏や稲尾氏などの顔を思い浮かべていただければ、納得していただけるだろうと思う。

私などもそうした「昔顔」に属しているが、特に眼光には自信がある。かつて女性を口説いてもまったく相手にされたことがなかったが、その理由は鋭い眼光のせいだったらしい。しかしバッターボックスに立ったときに、ピッチャーに対して多少は威力を発揮したのではないかと思う。

プロ野球の現役ではたとえばイチローはちょんまげがよく似合い眼光も鋭い。「昔顔」にしてはイケメンに属するが、サムライの風格が十分にある。また松井は、今どき珍しく「昔顔」であり、威風を感じる。

昨今「眼力《めぢから》」という言葉があるが、ルックスはよくても眼光鋭く威厳を持ってプレーに臨んでもらいたいと願っている。それがパワーを発揮することになるからである。

◆野村監督の朝食の話から

楽天の野村監督が、札幌の宿舎で選手が朝食をとらない様子を見て、

「これでは試合に勝てない」

と嘆いたという。

昔から、食の細い選手は大成しない。以前、ダイエー（現ソフトバンク）に甲子園で活躍したアイドルが入団した。しかしそのアイドルが高知キャンプに参加したが、朝食を食べない。それだけでなく、中途半端な時間にお腹がすいてしまい、おやつでしのいでいたという。おやつというからにはスナック菓子やサンドイッチなどを連想させる。もしそうならば栄養もパワーも身につかないだろう。

かつて私が選手のころは、トップスターのみならず選手の食いっぷりに感心したものだ。青バットで有名な大下弘氏は、いつも箸持参で、その食事風景は他人の食欲までをも大いに刺激したものだった。

当時のことだから贅沢なおかずは少なかった。たとえば卵かけご飯なら大下氏は二個割って、一個分をご飯にかけ、それにもう一個の黄身をくわえるという食べ方をしていた。これには何か謎がありそうで、大いに気になっていたものだった。

また目玉焼きの場合、半熟の目玉焼きから流れでた黄身を千切りキャベツですくいあげて口にはこぶ。何のことはない食べ方だが、私は、それを真似てもりもりと食べたものだ。

はっきりいっておきたいが、食の細い選手は、選手生命が短い。ピッチャーなら球威がないように感じられる。これは感じではなく確かだというのが私の実感である。ピッチャーだけでなく野手もレギュラーを張れないというのが私の経験則だ。

だから、私は、子どもの野球教室でも、朝食を必ずとるようにすすめている。野球を教えるのはそれからにしている。

専門家ではないが、**人間の食の履歴は、あたかも年輪のように肉体に刻まれていく**。体力はいうまでもなく、骨格や内臓器官などの機能を長期にわたって左右する。いいかえれば、空腹感と満腹感の繰り返しが生活のリズムを適正に整える。

私の経験では、朝食をとって練習すると、お昼前にちょうどよく空腹になる。そして昼食が美味しくなる。練習で集中力がでる。そのうえ頭の働きがよくなって、練習で得た打撃や守備のコツがどんどん身につく。もし、食べないと昼間に空腹を感じることなく、身体にパワーが生まれず、頭も働かないから、生活にメリハリがなくなる。そのために、せっかくの練習で得た技術も身につかず知識さえ何も残らない。

これは、野球だけでなく、勉強や仕事でも同じことがいえるのではないかと思う。

繰り返すが、人間は空腹を感じないと刺激に鈍くなる傾向がある。一日がメリハリなくすぎてしまい頭の働きが鈍ってしまう。だから顧客との交渉や会議などで得た実務知識などが記憶に残らず、その後の仕事に応用もできない。なんともったいないことであろうか。

◆「あいさつ」を甘く見てはいけない

私は、以前から「あいさつをしよう会」という親睦サークルに入っている。

昨今、何かと暗いニュースが多い世相のなか、何かいいことはないか、何か世の中を明るく変えられないか、そんな動機からコクヨ㈱などの企業関係者が音頭をとって始まった。発足後四年たっているが、全国ですでに四つの支部ができている。

会員の務めは単純で「あいさつすること」だけだ。

「おはようございます」

「こんにちは」

あるいは、

「はい」

と返事をする。

仮に相手が外国人でも、簡単な日本語だから、すぐ覚えられる。誰とでもすぐ打ち解けた雰囲気になれる。そうした単純明快な動機だから理屈抜きで楽しい。

かつて私が西鉄に入団したとき、同期の新人が先輩より先に食事をしていた。それはそれでよかったのだが、その新人が、

「お先にいただいてます」

とあいさつしなかった。

躾《しつけ》にうるさいその先輩が新人を呼びつけて正座させた。それがもとで、その新人は膝を痛めて練習ができなくなってしまった。先輩は儒教でいう「長幼の序」を説いていた。そうした道徳の是非はともかく、この場合、自然に、タイミングよくあいさつする習慣が身についていれば、何のこともない話だった。

私は、高校時代にあいさつについて顧問や先輩からやかましく注意されて

いたから、あいさつで失敗したことはない。廊下で先輩にすれちがうたびに「こんにちは」とあいさつした。そのときは面倒でバカらしいと感じるときもあったが、後になって社会に出てから大いに助けられた。

こうした基本的なマナーは、大人になってからではなかなか身につかないものである。

今の若者のマナーや言葉が乱れていると嘆く大人が多いが、そうしたことに無知な若者がいるのは、見方を変えれば**大人が教えていないからだといえなくもない。**基本ルールは、早いうちに身につけるに越したことはない。

第5章

気持ちを広く持て

◆スポーツは、心身の医学である

月並みないい方かもしれないが、スポーツは、算術で考えるとろくなことにはならない。

野球という分野でみると、**スポーツは、精神面のケアを含めて「医学」であるといっていい。たとえばスランプの原因を探ると、心身のどこかの不調にたどりつく。**

一概にいえないが、私の経験からいうと、そんなときに千本ノックで思いっきり汗をかいて、身体が疲れると、いつの間にか、手足が自在に動いてスランプから脱している。これは、まちがいなく身体の不調ではなく、メンタルな理由が災いしていたのだろう。

だから、スポーツは医学で考えるといいと考える。

私は、肉体指導と医学が合体し、相互に連動したスポーツ総合大学があっていいと考えている。

野球の場合、肩や肘を壊さないような指導ができるコーチが増えれば、多くの有望選手がドロップアウトしないで、長くプレーできるようになる。そのうえ全体的な技術レベルの向上に貢献できる。

心を含め、人体のメカニズムを極めることは、一生の仕事である。選手が後顧の憂いなく、競技に全精力をささげられるようにすることは、指導者の大きな使命である。同時に、そうした競技環境を保障することも、きわめて重要な使命である。

たとえば、どの競技でも本場のノウハウは、無視できない。本場とは相撲なら日本、スケートやスキーなら北欧、サッカーなら南米か欧州だろうか。そして野球ならアメリカか。私としては是が非でも「日本」といいたいところだ。強い朝青龍でも、相撲の本場である日本にこなければ成功しなかったのではないか。

何事も、本場での武者修行とまではいわないが、野球なら、少なくとも、「アメリカ以外の本場のひとつである日本に行かなければ、野球選手として成功しない」
といいたい。

◆いい監督（指導者）は心理学に強い

私の経験では、野球というものは選手の気持ち次第で局面が変わってしまうものである。

だいぶ以前、西鉄時代の同僚だった稲尾氏がロッテの監督をしていたころ、継投がうまくいかなかった。その試合を私はネット裏で観戦していた。ふと、思い当たることがあって、稲尾に以下のような提言をしてみた。

「今、投げている先発投手に『ブルペンで投球練習しているヤツに代えるけどいいか』と聞いてみたらどうだろう」

球場が小さかったためか、ブルペンで話し合っていた私と稲尾の様子は、その先発投手からもよく見えたらしい。

私には、その先発投手が「なに、あいつに交代か」と不満の表情を浮かべたように思えた。実は、それが私の狙いだった。先発投手の発奮を促す意図があったのである。

稲尾は、それをすぐ実行した。

すると果たせるかな、先発投手が、

「あいつには任せられない」

とばかりに踏ん張ったのである。

稲尾の采配が先発投手の意欲を刺激したわけだ。

これをみてもわかるとおり、野球は心理学である。しかしこうした分析はあまり注目されない。

この点で、メジャーは、はるかに進んでいる。

大リーグの名将として名高いトニー・ラルーサ監督が自分の著書に、ブルペンで調子のいいピッチャーが本番のマウンドで崩れる要因を二つ指摘している。

一つは、そこに打者が立っていること。
二つは、キャッチャーの後ろに審判がいること。

これを聞いて、あなたは、どうお思いだろうか。

アホみたいにこっけいに思えるが、ジョークではない。プロのピッチャーでも実際に打者に向かい、審判の裁きを受ける現場に立った場合、途端にコントロールが乱れてストライクが入らなくなることが珍しくない。これはピッチャーの実力の問題ではなく、心理学の問題である。

そんなとき、監督は指導者として、どう対応したらいいだろうか。

的確に対応できる監督は例外なく偉大だ。

稲尾と私の師匠だった西鉄時代の三原監督は、私が新人のときに犯した致命的な失策に対して、

「つらいだろうな。でもな、おまえを使ったおれのほうがもっとつらいぞ」

といった。

偉いと思っていた監督が不意にもらした弱音に私はドキッとしたものだ。三原監督にかぎらず、日本の野球監督は、普段から選手に偉いと思われている。いわば雲の上にいる。

そこでたまには雲の上から降りてきて選手と同じ目線で語りかけるといい効果があるかもしれない。

もちろんこの程度の話では、心理学というよりも単なる上下関係の修復にすぎないが、人間はそうした単純な関係で成り立っているものである。これを忘れないほうがいい。

◆人目を大いに気にしてほしい

以前、小泉前首相が、

「議場で携帯電話をかけたり、マンガを読んだりしないように」

と苦言を呈したという。

野球でいえば、バッターボックスで鼻くそをほじくるようなものだ。本人にその気がなくても、見ているほうはバカにされた気になることがあるから油断ができない。

議員たるもの、少しは人目を気にしなさいということだが、これを聞いてあきれた人も多いことだろう。

ときおり、国会中継で居眠りをしている議員を見かけるが、ましてや携帯電話に夢中になっていたり、マンガに熱中している様子を見たら、支持する気持も失ってしまうだろう。

一部には、人目など気にしていたら大物になれないぞと若者に諭す人もいるが、私は社会人たるもの人目を大いに気にすべきだと考えている。余計なおしゃれをしろといっているわけではない。立ち居振る舞いは、人格を現わすことが少なくないことを胆に命じたほうがいいからだ。

かくいう私も人目を気にしている。

新人のころに、打席に入る前に、つばを吐く癖があった。緊張のあまり、胃の底が突き上げられるように感じて、ついついつばを吐いてしまっていたのである。これを見た知人が注意してくれたので、反省して止めたが、それからというもの、人目を大いに気にしている。

特別、びくつくわけではないが、どこで誰が見ているかわからないということのほかに、衆人環視のなかでどう振る舞うかは人生にとって大事だ。

私が得た結論は「不動」に見えるようになることだった。打者としては、ピッチャーが速球派でも何でもボックス内の立ち位置を変えないで、不動の姿勢を見せて威圧感を与えることだが、それ以上に、人目を意識すると打撃がよくなると知ったからだ。

喩《たと》えていえば、女優はたくさんの観衆に見られることでいっそうきれいになり、演技が上達する。野球選手にもそれに似たところがある。あの長嶋茂雄は、帽子の投げ方まで研究した。

それほどのこだわりが「ミスター」をつくったといえる。人目に無頓着な打者は打席を失い、議員は議席を失う。これは誰に聞いても真実のようだ。

◆部下に意欲をもたらす誘導型リーダー

連続出場していたヤンキースの松井（秀喜）が不振であえいでいたとき、トーリー監督が松井を先発からはずすべきかどうか迷っていた。バッティングコーチは、外角球に対応するためにベース近くに立ったらどうかと提案したが、松井はガンとして首を縦に振らない。それを見たトーリー監督は、ロッカーにいた松井に歩み寄って、

「おまえの守備はすてがたいから休ませない」

といった。

この言葉は監督の悩みを伝えていたが、感度の鋭い松井は監督の悩みを悟って、自分の打席の立ち位置を変えた。**監督の命令という形でなくても、選手をその気に誘導させる方法があるということだろう。**

日本のプロ野球チームには、外国人監督が多い。彼らは多くの場合、監督命令という無理強いはしないらしい。以前、14連勝という球団記録をマークした日本ハムのヒルマン監督は、連勝していた間、

「うちの選手には、連勝に慢心する者はいない」

といい続けた。

本当に慢心する者がいたか否か知る由もないが、監督の言葉は、

「慢心するなよ」

という選手を信頼するメッセージとして、強く伝わったようだ。**これは監督命令よりもはるかに深く選手にアピールしたはずである。**

レッドソックスのフランコナ監督は、松坂と岡島を受け入れるに際して、日本ならではの「監督賞」について日本の報道陣に対して逆に取材したらしい。大リーグにはない監督賞の意味について理解しようとしたのである。

これは、同監督が日本からきた選手の立場を理解しようという姿勢の現れではないかと思う。

かつて、私にも経験がある。

西鉄のころ、三原監督に、

「カウント０－３から打ってはいけませんか」

と聞いた。それに対して監督は、

「打ってもいい。だが、打つならヒットだぞ」

と答えた。

私は、考えた末に、打たないことにした。しかし、それにしても頭ごなしに「打つな」といわれるより、打者に考える時間を与え、判断をゆだねられると、気分がいいのではないか。

日本の野球には、以上のような人間味のある選手と監督のやりとりが極めて少ないように思う。その点をわざと演出するのは嫌味以外の何ものでもないが、さりげない形で、もっともっと組織内の人間模様がほしいものだと考えている。

選手と監督の関係は、会社のスタッフと上司の関係にオーバーラップしている。企業では成果主義が優先され、人間関係がかわききっていると聞いたが、経営を野球にたとえて考えると、意外にいい知恵が浮かんでくるようにも思えるのだが……。

◆国際化時代にルールの見直しをどうしたらいいのか

今さらいうまでもないかもしれないが、スポーツ界に、多くの外国人が参入している。伝統と格式を重んじる世界ではうるさいだろう。

たとえば相撲界では、モンゴル出身の朝青龍が以前正月の綱打ちをすっぽかす騒ぎを起した。風邪だということだったが、疑問を示す見方も多かった。最近では腰の病気で休養が必要との医師の診断で夏巡業を休む届けを出しながら、その一方、モンゴルでサッカーに参加。病気とは思えない元気な姿を伝えた。相撲協会は仮病ではないかと反発し専門医の診断もでて大さわぎになった。

これが習慣のちがいか、単なる個人のわがままなのか、なんともいえないが、横綱以下、外国人が活躍している今、相撲界としてしきたりや伝統や美風をまもろうという姿勢は理解できる。しかし、しきたりや美風だからというだけでは、抑えがきかなくなってきているのも事実だろう。

外国人に門戸を開放した結果、従来のルールに変化が起こっているのは野球界でも同じである。今や大リーグで多くの日本人選手が活躍している時代である。

ややもすれば、日本に外国人が入ってくることを警戒しがちだが、逆に日本人がアメリカにいって活躍しているケースから伝統やしきたりを含めてルールを考えてみよう。

かなり以前、ニューヨーク・メッツに新庄が入団した直後の試合で、味方チームが大量リードして、勝利がほぼ決まっていたときカウント０－３で新庄は強振した。その翌日、新庄は、相手チームからピーンボールを受けた。ピーンボールというのは、打者の身体を故意に狙う投球のことで、きわめて危険なボールである。

実は、大リーグの不文律では勝負がほぼ決まっているとき相手をさらに打ちのめすような攻撃をしてはいけないというルールがある。このルールを破ったとして制裁されたわけだ。

このほかにも、ノーヒット・ノーランがかかった試合の終盤ではバント安打を狙ってはいけないといった暗黙の了解事項がある。こうした大リーグの不文律は多くの日本人選手が活躍するようになってから紹介されたものだ。彼らにすれば、これもよき伝統であり、美風であろう。

それぞれ相手の立場から、その正当性を吟味することが不可欠だが、それは何でも相手のいい分を認めることではない。次のような例がある。何かの理由で両チーム間で乱闘騒ぎが発生した場合、選手はベンチに残っていてはいけないという不文律もアメリカにはあるという。

これに対して、争いを嫌う松井らが和のルールを持ち込んだ。こういう異文化の介入は、いいのではないかと思うのだが、いかがだろう。

日本でも乱闘騒ぎが起きることが少なくないから、何かの取り決めをしておくのもいいのではないか。古いものばかりが伝統ではない。これからは今までにないルールを伝統として新たにつくっていってはどうか。

まさか会社内で乱闘騒ぎが起こったら大変だが、社内の陰湿な嫌がらせやセクハラが珍しくない昨今のこと、参考にならないだろうか。

◆外国人選手が活気のもとになる

朝青龍の師匠である高砂親方とラジオ番組で対談した。私は、

「土俵は、外国人の天下ですね」

と聞いた。

親方は、

「日本人にそこまでの力がないのだからしょうがないでしょう」
との答えが返ってきた。

朝青龍は、日本の若い力士にない精神の持ち主だという。稽古の厳しさが人一倍だった。最初のころは、単なる稽古のはずなのに、負けると激しくくやしがり怒った。そんなやや未熟な気性の朝青龍も、実力がついて地位が上がるにつれて、角がとれて人間としても練れていったらしい。これは昔の力士の精神的な成長過程を見るようだったという。

私は、相撲についてまったく無知ではなかったからその感じは何となく飲み込めた。

私は、若いころから野球の次に相撲が好きで、ペナントレースがオフになると、井筒部屋に寝泊りさせてもらった経験がある。以前、引退した寺尾の父であった鶴ヶ嶺が現役で頑張っていたころの話で、親にはとても見せられないほどのしごきに若い力士たちがよく耐えていた。

おそらく、あの厳しさに耐えられたなら性根がすわって強くなったと思う。

朝青龍は、その伝統を継ぐにちがいないが、いかがだろうか。

外国人力士が角界に活気をもたらす一例だが、日本人力士にも大いに奮起してほしい。

平成一九年（２００７年）、九州場所の前に、新弟子検査を受けた力士候補は四人だった。そのうち日本人は一人だった。後はモンゴル人二人、ブルガリア人一人だった。現在五三の相撲部屋があるが、その半数以上に外国人が在籍している。後継者の外国人頼みはいささか寂しい気もするが、相撲界に活気をもたらすのならば、日本人にこだわるべきでないと考え直した。

野球はどうだろう。私はかくあるべしだと思う。

すべての球団が外人枠をなくして、門戸を全面的に開放しよう。

ちなみにオリックスは一時期、外国人だけでオーダーを組めるほどだった。私は、そういう球団があってもいいと思う。

日本人優先、日本人保護の鎖国政策は、選手のレベル低下と球界全体の停滞を招くものでしかないからだ。

◆創意工夫は遊び心が源になる

イチローがよくフライを背面でキャッチする。これは遊びのひとつだろうか。またサッカーでもブラジルのロナウジーニョはまるでダンスのような気ままなボール遊びをする。これらのいわばトリッキーなプレーは観客を喜ばせる。

これは、遊びではなく「遊び心」といったほうがいいかもしれない。観客サービスということであって、決してふざけているわけではないだろうから……。

相手を幻惑させるこうした人目をひくプレーは、組織の決まりごとからは生まれてこない。遊び心から生まれる。この意味で、サッカーも野球も遊び心は新しい創意工夫の源になると思う。

私も若いころに、塁上にボールを置き、選手たちが等距離から、ボールを投げて、誰が先に当てるかというゲームをした。まわりで見ている子どもたちが喜んだが、選手たちのいい訓練になった記憶がある。遊び心で始めたゲームだが、そのうちに集中力を養ううえで、いい方法であることがわかった。

こうした遊び心は、大人になってからではなかなか身につかない。

子どものころからの遊びのなかで自然に身につくものらしい。というのは子どもこそ遊びを楽しむプロだからだ。いろいろな遊びを通して体力が向上するだけでなく、アイデアを発案する頭が鍛えられるからだ。そうした頭の訓練は、頭脳の発達を大きく促してくれる。

それは一生の無形の財産になる。

頭というものは勉強すればよくなると考えられている。そのとおりだが、勉強というものが好きな子どもは、正直なところ少ない。ではどうしたらいいのか。私はスポーツがいいのではないかと考えている。

実はスポーツは肉体ばかり使って頭を使わないと思われているが、これは、とんでもない誤解といっていい。実は、スポーツこそ、非常に頭を使うのである。

たとえば、打者の構えを観察すれば、打たれたボールがどこに飛んでくるのか、おおよその見当が付く。そうすれば無駄な汗をかかずにキャッチできる。これを頭の勝利といわずになんというだろう。

◆「第二の人生」を考える

引退選手の先行きは、どうなるのだろう。超有名選手ならマスコミの解説者になったり、うまくすれば、議員への出馬の道があるかもしれない。ひき続きプロ野球界に残ってコーチやさらには監督にまで出世できる人はそれこそ何百人に一人にすぎない。

そうした確率の低い夢を見るより、新たな可能性を探るほうがいいかもしれない。

多くの選手は、その可能性を探して野球界を離れていく。

引退選手の去就は、多くが〝未定〟ではないだろうか。そのほかピッチャーならば「打撃投手」という道もある。しかし、これは〝未定〟とおなじくらい切ない感じがある。

不景気になると、球団によっては、メジャーなみに打撃投手などを採用せずに、コーチや監督が投げて、経費を節減することになるかもしれない。

西鉄の黄金時代に玉造陽二という選手がいた。この人は、今は某ゴム製品の会社で社長をしている。また内野の控え選手だった片山敏彰氏は某重機の会社に就職して働いた。その後はその会社の系列会社の社長を歴任するなどの活躍をしている。

球界にしがみつかないで、他の道に進んで踏ん張るという腹が決まれば、チャンスが開かれる可能性がある。要するにプロで頑張るほどの根性を他の

社会で発揮すればかなりのことができるのではないか。そうしたことを考えると、私などは解説者となれて、運のいいほうだと感謝している。

毎年、ペナントレースの結果が決まるころになると試合前の打撃ケージの裏に人だかりができる。各チームの監督を野球評論家やチームのOBが取り囲んで、就職活動をする。コーチの就職口を求めて監督に売り込む人もいる。実際はへつらっているといったほうがいい。そうした人を監督が採用するケースも少なくない。

なかには選手から審判に採用されることもある。一方で球団職員として再出発する人もいる。

しかし、これからはそうした従来の日本的な温情主義ないしは終身雇用的な人事は少なくなるかもしれない。こうした去就は、ドラフトの華やかなニュースの裏でうずもれてしまうが、野球界の将来を考えるうえでも見逃してはならない問題ではないか。

エピローグ

活躍の場が世界に広がる

――豊田泰光のアメリカ報告――

平成一九年（2007年）六月二八日から七月四日にかけて、在米日本大使館の招待で渡米した。

目的は、アメリカ市民をはじめ在米日系人の方々との交流、有識者と意見交換を行ない、日米間の文化的な理解を深めることにあった。今や、日米共有の国技にも等しい野球こそが日本とアメリカ両国を固く結びつける絆ととらえての試みだった。

アメリカ到着後、日本大使館で開かれた夕食会で、私は期せずしてデストラーデと再開した。デストラーデはキューバ出身で、内・外野をこなした。西武時代の日本シリーズで3年連続本塁打を放ったことで知られる名選手だ。

私は、かつて野球解説者として、たびたび彼を取材した経験があり、お互い懐かしさのあまり抱き合って喜びをかみしめた。

デストラーデは今、アメリカでスカウトをしていると聞いていたが、テレ

▲渡米中、壇上でスピーチする著者

ビでの解説もこなしていた。大リーグへの深い理解と鋭い分析で、なかなかいい味を出していて、視聴者の人気が高いとの噂を耳にした。

このとき彼は、スポーツジャーナリストとして日本大使館に招かれたのかもしれない。

私は、彼のような日本野球について豊富な経験者には、ぜひともメジャーの指導者になってほしいと思う。日本のプロ野球界では、多くの外国人監督のほか選手が活躍している。

私は、今後、日本のプロ野球経験者が大リーグの指導者として大いに活躍してほしいと思う。一方、昨今は、日本人メジャー選手が話題になっているが、彼らは、大リーグの活性化に貢献をしている。

日本では、日本からの有望選手の大リーグへの流出を憂える声が少なくない。**たしかに、日本のプロ野球は大リーグのマイナー化しているが、マイナーでも生き抜く道があるし、広い意味で野球に貢献できる。すでに日本の野球**

はアメリカにとってなくてはならない存在であることにまちがいないのだ。

◆松井、斉藤そしてイチロー

私は六月二八日、ボルチモアに足を伸ばし、オリオールズとヤンキースの試合を見た。その日、松井秀喜に会った。

松井は、すでにアメリカにおいてホームランバッターとして実績があり、打者としての威厳さえ備わっていた。日本にいたときとはちがい、落ち着きを感じさせた。これから、より多くの経験を積んで打者としてさらに新しい境地を見つけられればいいと思う。メジャーには、四〇代になっても元気にプレーしている選手がゴロゴロしているから、楽しみである。

彼と会ったとき、その対応はなかなかしっかりしていた。

「お会いできて、うれしいです」

といった。その人間的な印象は、すばらしいと感じた。

七月二日、ロサンゼルスでドジャースの斉藤隆に会った。ちょっとした手違いで2時間半も待たされたけれども、会って顔を見たら疲れも吹っ飛んでしまった。それほど彼の表情には、意欲と覇気が満ち溢れていたからだ。

私は、斉藤はなかなか立派だと思う。会って実際に話をするまではあれほどスケールが大きいとは思わなかった。私の目をしっかり見て、自分がなぜアメリカにきたのか、何をしたか、これから何をすべきか意欲的に語った。

特に、斉藤が、

「私は、退路を断って一球一球、命をかけているのです」

といった。私は、野球に対する斉藤の一途な姿勢に心から感動した。

斉藤のこの言葉は誇張ではないと感じた。私は、捨て身でマイナーから這

▲ドジャースの斉藤隆選手と野球談義をする著者

い上がってくる日本人がいて、大いに誇りに思った。

彼は、奥さんを日本に残してきているとのことだが、これも退路を断つひとつの姿だと感じた。

この姿は家に帰って慰める人がいたのでは捨て身になれないということではないか――。私は、斉藤の話を聞きながら涙が止まらなかった。

お別れに握手をした。

そのとき、私は、ハッと思った。斉藤の手の平に何ともいえない湿り気があったのだ。私は、これだと思った。メジャーのボールは滑りやすいという。この湿り気がボールをコントロールし、変化と力を与えてくれるのだ。ボールがよく指にかかるから制御しやすい。ボールを離すときにギリギリのタイミングで抜けるから、打者の近くでボールが変化する。こうしてアメリカの滑りやすいボールが投手のいうことをよく聞くことになるわけである。

メジャーのオールスターに初出場した斉藤は、

「夢にも思っていなかった場所にいるんですね。子どものようにはしゃぎたい気分ですよ」といった。

これに対して、マリナーズのイチローは、メジャーのオールスター戦には七年連続出場。余裕がある様子だった。イチローとは、直接会えなかったが、その実績から見て、大打者としての名声が高まっている。

イチローはある年に最高263本ものヒットを打ち、しかも七年連続200本安打を達成しているが、オールスター戦でランニングホームランを初めて達成した。これは彼にとって、忘れられないほど大きな記録だったにちがいない。

イチローには野球の神様が乗り移っているとしか思えない。アメリカン・リーグのベンチで、皆があこがれのスター選手を見るように、イチローに尊敬のまなざしを向けていたらしい。

◆日本の騒がしいドンプカ応援の話

ロサンゼルスでは、日本総領事公邸で昼食会が開かれ、招待された。私は、この席にマーク・サリバンさんとダレル・ミラーさんという人と隣り合わせに座り、愉快な団欒《だんらん》のひと時をすごした。

実は、このお二人は、球場の雰囲気、ファンの応援マナーについて正反対の意見を持っていた。

サリバンさんは、大の日本びいきで年に二回から三回来日して、日本のプロ野球を堪能しているらしい。彼は、日本の球場で見られるドンプカ応援が好きだという。私はそうした騒がしい応援は嫌いで、ファンが離れると考えているが、彼は逆のようだ。

一方のミラー氏は、「ドンプカ応援」の様子を説明された後で、「そうした応援は選手にとって困るのではないか」と否定的で、私と意見が一致した。

彼は元エンゼルスの選手で、今は少年少女たちにソフトボールを教えている「アーバン・ユース・アカデミー」という団体の代表を務めている。

私は、

「日本には、一瞬の静寂という表現がある。昔の日本の球場にはそれがあった。しかし、今はそれがない。そのためどんどんファンが離れていくのではないか」

といった。

この「一瞬の静寂」。このすばらしい表現は、日本人でさえ知る人が少ないのではないか。きっとミラー氏も同感だったと思う。日本の野球の将来を案じさせる象徴的な話である。

日本の加藤駐米大使は、昔の球場の「一瞬の静寂」の雰囲気をよく知っていた。昭和三三年（1958年）、西鉄の西沢貞朗が駒沢球場で達成した完全試合を見ているという。加藤大使は、それほどの野球ファンである。

これからの日本の野球は、国という枠組みをもうすこし大きくとらえて、たとえば、韓国や台湾そして日本を中心にした「アジアリーグ」を立ち上げてもいいのではないか。

東アジアは、北米以外では最大の野球圏である。その資格は十分にある。アジアリーグを立ち上げて、その実力をメジャーに認めさせる。これがいちばんいい方法ではないか。現在のメジャーは、30％が外国人選手だ。そのなかでオールアメリカ人のチームができれば人気を呼ぶかもしれない。一方でオール日本人のチームができたら、おかしいだろうか。将来の話になるかも

▲加藤駐米大使と歓談する著者

しれないが、アジアリーグが野球そのものの発展を支える力になれば、いいのではないだろうか。

私が渡米して感じたことは、野球というスポーツがすでに野球というひとつのジャンルを超えた文化をも包み込む可能性を持っているという事実だった。その一翼を担うわれわれは大いに奮起をしなければならないと感じた。

◆桑田のメジャー挑戦から得るもの

大リーグでチャレンジしていた桑田真澄が戦力外を通告された。今後の去就は明らかではないが、桑田の所属事務所では来季もメジャーでの現役続行を目指すといっている。

何年か前、桑田に「監督を目指せよ」といったことがある。そのとき彼は「はい」と真顔で返事をした。普通の選手なら「僕なんか……」という答えになってしまうものだが、桑田はちがっていた。

メジャーでの活躍はつかの間だったが、桑田なら想定内のことだったはずだ。メジャーでの見聞は指導者修業の一環だったと思える。小柄な桑田だが、理屈は一流だ。日米の野球理論の橋渡し役として、今後の活躍を期待したいと思う。

かつて大リーグの技術をとりいれるには大変な努力を必要とした。私の場合、最後の4割打者であるテッド・ウイリアムがスポーツ雑誌か何かで、打撃論を展開していたものを見つけたときは小躍りして英語の専門家に翻訳を頼んだ。そのおり訳者が野球に疎く、専門用語の翻訳に苦労した。苦労しただけあってそのノートは今も私の宝物になっている。

またジョー・ディマジオの打撃フォームのたった一枚のスチール写真を手がかりに学んだ。動画ではないから非常に苦労した。最後だけを真似してもうまくいかなかったことを覚えている。

今、確かに動画があふれているが、果たして野球に対する理解が深くなっているか落とし穴がある。

それは日本の野球が精神論中心で、技術の正確な理解に壁が多いからだ。また日本では、名選手あがりの監督や大打者のいうことが、打撃理論とされる傾向がある。これはもはや通用しない。

桑田のような理論派は、ややもすれば敬遠されがちだが、これからは、理屈に疎い日本野球に欠かせない人材になると思う。少なくともそのくらいの度量がなかったら、日本野球に未来がない。

本書は「中経の文庫」のために書き下ろされたものです。

豊田 泰光（とよだ　やすみつ）

1935年、茨城県生まれ。水戸商業高で1952年に甲子園大会に出場し、西鉄に入団。レギュラーとなり、三原脩監督のもと、強打の2番打者として活躍。1962年選手兼任で助監督を務める。国鉄移籍後は一塁手、代打として活躍。1969年に引退。現役引退後はニッポン放送で解説者へ。その後近鉄で1年間（72年）コーチを務めた。1973年以降は、主に評論·講演活動、さらに著作者として活躍。球界についての辛口な批評で好評を博している。週刊ベースボールの連載コラム「豊田泰光のオレが許さん!」は、現在に至るまで通算600回以上、日本経済新聞に毎週連載の「チェンジアップ」は500回近く続いている。一方、木製バットの原材料、アオダモの植樹活動を行なっている。2006年野球殿堂入り。

中経の文庫

すべては野球が教えてくれた

2007年10月2日　第1刷発行

著　者　豊田　泰光（とよだ　やすみつ）

発行者　杉本　惇

発行所　㈱中経出版
〒102-0083
東京都千代田区麹町3の2　相互麹町第一ビル
電話 03（3262）0371（営業代表）
03（3262）2124（編集代表）
FAX03（3262）6855　振替　00110-7-86836
http://www.chukei.co.jp/

DTP／マッドハウス　印刷·製本／錦明印刷

乱丁本·落丁本はお取替え致します。

ISBN978-4-8061-2849-6　C0175